MW01026202

Bendiciones Ocultas

Corrido el Velo

Zoila Arencibia

ISBN: 978-1984122889
ISBN-13: 978-1984122889

DEDICACIÓN

Este trabajo está dedicado a mis hijos y nietos. En él está presente toda mi fe religiosa, y el amor que siento por el Creador. En cada palabra reflejo la espiritualidad que me caracteriza, y quiero dejarlo como legado a quienes tanto amo.

Mi vida ha estado matizada y enriquecida por hermosos sentimientos en los que la familia, ha sido mi mayor fuente de inspiración. A ellos le debo la dicha de tantos años, por la comprensión y el respeto que me prodigan, y, sobre todo, por estar siempre a mí alrededor.

Cuan feliz me siento por expresar mis ideas las que vienen a mi mente en circunstancias dignas de resaltar. Mi mano traza cada frase, cada palabra, porque fuerzas internas me conducen a hacerlo, y ese es el gran valor que doy a mis modestas reflexiones.

En algunos momentos me inspiro en las vivencias que están en mi entorno. En las relaciones con las personas que me rodean, en los testimonios que me llegan al comunicarme con el prójimo, en mis propias inspiraciones las cuales reflejan mi mundo interno, y la profunda fe en que DIOS siempre nos guía, no nos olvida, y dirige nuestros actos. Sobre todo, si de hacer el bien se trata.

Para mí hermosa familia y amigos, y para los que me nutren de sus experiencias está dedicada esta humilde obra, testimonio que Jesús Cristo no está muerto. Él vive y está entre todos nosotros.

Señor, aumenta la fe a todas esas almas a quienes yo estoy expresando mi verdad.

CONTENIDO

Expresiones de Gratitud

Gracias a todos los que me ayudaron a preparar este libro para su publicación: Sonia Romero, Mirian Riveron, Irenita Ahmed, Sara McMurry, Craig McMurry, Alberto Arencibia, y Irene Herring

1 INTRODUCCIÓN

Mi nombre es Zoila Mirta Rojas León, nací en Cuba en el 1927. Mi educación fue solamente hasta el 3r grado, y vengo de una familia de 12 hermanos.

Mi madre quedo huérfana a los 13 años y se dedicó a criar a sus hermanitas, Ramona y Fidencia, las cuales solo tenían 2 anitos. Su madre, murió de cáncer a los 42 años. A los 17 años mi madre conoció a Gregorio Rojas, el que llego a ser mi padre, y entro en matrimonio a los 18 años. Al cabo del tiempo fue creciendo la familia hasta llegar a 12 hijos. Ella contaba que pudiéramos haber sido un total de 19, pero a ella se le presentaron problemas físicos que no pudieron asistir, y tuvo pérdidas.

Mi padre fue gemelo, pero su gemelo y su madre

fallecieron durante el parto. Mi padre contaba que su padre tenía esclavos Africanos trabajando en su casa, y propiedad, y que ellos fueron quienes lo enseñaron a bailar desde niño. Lo ponían encima de una mesa para que el bailara mientras ellos tocaban su música. También a mi padre le gustaba cantar. Decía que su padre tenía delirio con él, y empleaba instructores para darles clases de biblia a sus hijos y instrucciones de arpa para sus hijas.

Cuando yo tenía unos 16 años fui a visitar a un primo. Su familia era encantadora, sus hijas para mí eran como hermanas, pero con la que más me apegue fue con una de ellas llamada, Elisa. En ese tiempo fue un sobrino de la esposa de mi primo a visitarlos por un promedio de un mes. El joven tenía 19 años y recién entrado en el ejército. Hacia 9 años que no lo veían y a penas lo reconocieron.

Al final de su visita el regreso a su puesto en el ejército y al poco tiempo comenzó a tener correspondencia con su tía. Preguntaba por mí, y al fin le pidió mi dirección para escribirme. Al cabo de un año fue a visitarme a mi casa y continúo visitándome hasta que nos comprometimos. Después de 3 años de comprometidos nos casamos. Su nombre era Estefano Arencibia, y fue el amor de mi vida.

Fuimos bendecidos con tres hijos y una hija; Alberto, Sara, Carlos, y Gregory Steven. Estuvimos casados felizmente por 58 años, más tres años de novios. Fue una vida completa, pero como todo en esta vida, tuvo su fin, nada es para siempre. Llego el tiempo que el Señor lo necesitaba con El, y lo llamo. De ahí en adelante comenzó mi otro mundo.

La idea que quiero expresar, mi experiencia en mi vida espiritual es para que sepan que Jesús Cristo no está muerto. Él vive y está aquí entre nosotros. Pido al Señor que les de fe suficiente a todos aquellos a quienes estoy contando mi verdad. Son gracias ocultas que he podido ir descubriendo en todo el trayecto de mi vida. Y pienso que es el tiempo para compartir mi gracia en los demás.

En el nombre de nuestro Señor Jesús Cristo. Amen.

2 TESTIMONIOS

Mi Niñez

La siguiente es una breve historia de cuando yo era pequeña.

Voy a regresar a nueve décadas atrás cuando yo tenía unos 4 años. Circunstancias nos había llevado a vivir en cierto lugar en el campo rural. Mis padres tenían una casa muy linda, y nuestra familia era muy unida y numerosa. Mi padre trabajaba en el sector tabacalero, y mi madre llevaba el control de todas las cuentas de la casa, ya que las compras de víveres y otros suministros se hacían para varios meses. Aunque nuestra familia no era afluente, tampoco carecíamos de nada.

En nuestros alrededores había unas familias muy

necesitadas, las cuales mis padres invitaban venir a nuestra casa y generosamente les proveían casi todo lo que esas familias necesitaban. Pero al cabo de poco tiempo mi familia empezó a sufrir calamidades.

Primero murieron mis hermanos gemelos, después unos a uno de los nuestros se fueron enfermando. Todos estábamos en cama con enfermedades contagiosas, aparecía tal como una maldición. La última que se enfermo fue mi madre, la cual estuvo muy grave. Los únicos que nos pudieron acudir fue la familia de mi tía Tila y sus hijos. Mi tío Vidal, policía del pueblo, era nuestro intermediario con él doctor. ¡Las calamidades fueron tal que él propio doctor le dijo a mi tío, "¡Chico, ve a otro lugar que no tenga que ver con doctores, porque esto no es natural!" Mi tío tomo el consejo del doctor.

Resulto ser una hechicería que le hicieron a mi familia para destruirla. Todo por envidia que tenían hacia mi familia esas personas que venían a nuestra casa a recibir de la generosidad de mis padres. Mi madre nos contó que una noche ella salió al patio para hacer una rogativa, y mirando hacia el cielo, pedía, "Señor, sálvanos de esto tan horrible. ¡Yo no pido nada malo para ellos, pero haz justicia!"

Después de un tiempo fuimos recuperando nuestra salud, y pronto nos mudamos bien lejos de esa área.

Todo fue mejorando poco, a poco, para nuestra familia, y al cabo del tiempo mis padres se enteraron de que todos ésos individuos que nos hicieron ese gran daño, fueron muriendo uno a uno, de enfermedades horribles, incluyendo lepra. Que él Señor los haya perdonado.

Al pasar los años, yo tendría cinco o seis años, me comenzaron a suceder unas series de experiencias sobrenaturales. Entre muchas, una de ellas fue la siguiente; sentía yo como si un viento fuerte me elevaba y me sostenía en él aire, cosa que como niña me gustaba la ocurrencia. Al pasar el tiempo comencé a recibir mensajes.

Cuando le comenté lo que me estaba sucediendo a mi madre y familia, me decían que esos eventos eran causados por espíritus, cosa que me causo muchísimo miedo. Continúe teniendo muchísimas de esas experiencias extraordinarias durante toda mi vida, lo que ahora, al cabo de los años, son presentaciones como las que cuento en mi libro.

Recuerdo también algo que me ocurrió cuando tenía unos seis o siete años. Nuestra nueva casa era en una finca, y por el frente bastante cerca de nuestro portal, pasaba el camino principal hacia el pueblo, y por donde pasaban todos habitantes de todas las fincas aledañas y tierra adentro. Cuando moría alguien, si era niño, llevaban la cajita atravesadita en frente de la persona

que iba en él caballo. Yo solita en mi cuarto empezaba a
hablar con Dios. Yo decía, "Dios, por favor que mi mama
y mi papa no se mueran nunca, ni mis hermanos.
¿Porque Tú no vienes para acá abajo? Mira Dios, yo sé
que si Tú vienes nadie se va a morir. ¡Ven baja Dios, yo
tampoco quiero morir"! ¡Entonces yo aguantaba mi
respiración y decía, "¡Yo no puedo morirme, no, porque
me ahogo, no puedo respirar"!

A pesar de algunas tragedias que mi familia sufrió, tuve
una infancia linda y pensaba mucho en Dios. Mis padres
eran creyentes, pero no tuvieron la inclinación de ir a la
iglesia, solamente cuándo me bautizaron, gracias a Dios.
Mi mama tuvo doce hijos, y en él campo rural no era
fácil, pero siempre tuvo la imagen de la virgen de la
Caridad del Cobre, patrona de Cuba, y él Sagrado
Corazón de Jesús desplegado en nuestro hogar.

Esto ha sido una pequeña parte de mi historia.

****

Algunas Ocurrencias Extraordinarias En Mi Vida

Hoy quiero escribir algo muy hermoso que me ocurrió
hace algunos años. Fue la primera vez que vi a Jesús. Se
me presento en un momento en él que me encontraba
muy preocupada. Tenía yo que ir a una cita muy
importante en esos días y no encontraba a nadie que me

llevara en coche, aunque yo estaba dispuesta a pagarle al que me pudiera llevar.

Unas noches antes de la cita, me acosté muy inquieta y preocupada porque aún no sabía quién me podía llevar. Tratando de dormir, cerré mis ojos y vi lo siguiente; vi un pasillo muy lindo lleno de luces, e inmenso de ancho, y de largo. Al comienzo de ese pasillo se acercaba un hombre con una túnica blanca. Cuando estaba más cerca de mi empezó a abrirse el pecho y empecé a ver su corazón, roja toda esa parte, y pude ver a Jesús, pero no me hablo. En la segunda ocasión que lo vi, El me hablo. Pienso que fue una señal que me dio, tal como si me dejaba saber que no me preocupara, que Él estaba conmigo. Al día siguiente mi amiga Sonia me llamo por teléfono para decirme que, al próximo día, el día de la cita, yo estuviera lista a las 9:00 a.m., que alguien me iba a recoger para llevarme. Así fue, el día de la cita llego a buscarme un joven llamado Erik, muy atento y caballeroso. Era él novio de la hija de mi amiga Sonia.

Cuando llegamos a la cita yo estaba muy nerviosa ya que tenía que presentar muchos documentos. El joven no solamente me llevo a la cita, pero entro conmigo a las oficinas, y se ocupó de todo. Él edificio era muy grande y fui dirigida a otras oficinas. Yo decía, "Ay Señor, Tu pusiste este ángel conmigo que me está ayudando tanto, pues él realmente vino a traerme a la cita solamente, pero desde el principio se portó como si yo hubiera sido su madre. Yo sabía que alguien más estaba allí con nosotros y era Jesús. Siguieron pasando eventos muy agradables en el tiempo que estuve ahí. La señora Americana que me estaba asistiendo me explico que yo tenía que ir a otras oficinas localizadas en otro edificio que estaba a media cuadra de donde yo estaba. ¡Explico que tenía mucho trabajo y que no podía ayudarme, pero de pronto se levantó y me dijo, "¡Sígueme", y personalmente me llevo hasta esas oficinas! En la puerta se encontraba el señor que me iba a atender. ¡Tomo los documentos y entramos a su oficina y me sentó en su silla personal la que usaba en su buro, tal me parecía que yo era la ejecutiva! El revisaba los papeles y los entregaba al asistente y me los traía para que yo los firmara, al poco rato terminamos. Yo bien sabia la Mano del Señor estaba en ese lugar conmigo, las otras eran de ángeles.

Cuando terminamos, abrase a ese señor y le dije, "que Dios lo bendiga". El salió a la puerta con nosotros y nos indicó que teníamos que retornar a las oficinas en el edificio previo. Cuando hablé de nuevo con la señora que primero me atendió, le dije, "La persona a la que usted nos envió es un ángel, así se portó conmigo," y ella me contesto, "Él es mi ángel". Así que el Señor fue poniéndome de mano en mano con ángeles. El primero fue el joven Erik un verdadero ángel, y así hasta hoy en día lo sigo llamando. Son testimonios que no puedo omitir en este libro.

Alabado sea El Señor. Amen.

****

No sé lo que me está pasando últimamente que después no puedo contar con lujo de detalles como siempre he podido hacerlo, pero lo que sucedió fue tal como dejándome saber en la forma que me están preparando para cosas que vienen. Es una preparación donde me enseñan que ellos están conmigo, que tengo su ayuda en él momento que yo la necesite, que esté preparada y no tenga miedo. Siento que eran los dos, Jesús, y la Virgen María. Amen.

Nota: Tiempo después tal como me dijeron pude ver su mano en algo que ocurrió. Bendito sean. Amen.

****

Esto que voy a contar me ocurrió como por los años setenta. Yo tuve un sueño en el cual me encontraba en un cementerio. Veía como las tumbas estaban abriéndose solas, y oía él ruido cuándo se iba partiendo él cemento de ellas.

Pase los siguientes días pensando sobre las escrituras que mencionan la resurrección de los muertos contada en la Sagrada Biblia, pero nunca preste mucha atención al tema, hasta era media incrédula.

Unos días después me encontraba en mi cuarto arreglando mi cama y pensando en ese sueño. Al levantar la sabana, oí estas palabras, "Lee Ezequiel 37." Abrí mi biblia y toda esa escritura es específicamente relacionada con el tema de la resurrección de los muertos.

¡Toma la biblia y lee tú para que te convenzas!

****

Hoy después de levantarme y dar las gracias por él nuevo día, hice mis primeras oraciones, tome mi café, comí algo, y prepare mi cama poniendo en orden todos mis quehaceres. Después fui a la habitación donde acostumbro a hacer mis oraciones mayores, y peticiones, pero tuve que reírme porque al llegar oí estas palabras. "Al rescate!"

Son tantas experiencias parecidas que me suceden que las creo muy lindas.

Amen.

****

Esto me ocurrió hace algún tiempo, al comienzo de visitar la iglesia que voy hoy en día. Estaban teniendo problemas con él techo de la iglesia. Tenían que poner nuevo techo y estaban pidiendo ayuda de la congregación. Había algunos sobres para ofrendas en los asientos. Aunque tengo pocas prendas, en realidad no me gusta ponérmelas, pero ese día decidí ponérmelas.

Cuando fui a tomar la comunión él sacerdote miro a mis manos y vio las prendas que tenía puestas. Al terminar la comunión él sacerdote empezó hablar de la ayuda monetaria que se necesitaba para hacer arreglos al techo. ¡Dijo estas palabras, "¡Bueno si es posible, pueden donar oro también!" Pensé que lo había dicho por mis prendas y el comentario me cayó muy mal. ¡Interiormente comente, "Ay, que cura más pesado!" En ese preciso momento oí esa voz que me habla a menudo, la cual dijo, "Él es un niño grande en las cosas de Dios." Enseguida me di cuenta de que me estaba hablando la Virgen María. Desde ese día aprendí a quererlo como a uno de mis hijos y todo él que lo conoce por medio de mí, lo nombra como yo, "el niño grande." Todos lo quieren mucho porque él es muy humilde y él amor que da y expresa es a todos por igual, no importa quien sea, él es así con todos realmente, es un niño grande en las cosas de Dios.

¡Hablo del padre Jesús Arias, al cual le conté lo sucedido y todo lo que pensé acerca del cuándo se refirió al oro...se rio mucho!

****

Esto fue algo que me paso no hace mucho tiempo. Estaba sintiéndome mal, con problemas de salud y tuve el sentido que me estaba sugiriendo que tenía que ungirme, y esta fue de la forma que me lo dejaron saber. Yo vi enfrente de mí a un sacerdote, el cual yo podía ver una santidad tan bella en su rostro que me hizo sentir muy bien. Yo quería omitir su nombre de estas páginas, pero tengo que decirlo pues con él es con quien yo me confieso. Es un verdadero niño grande en las cosas de Dios.

Yo pido siempre en mis oraciones para que El Señor lo mantenga siempre en la senda de la santidad. Yo lo quiero como si fuera uno de mis hijos. El sacerdote del cual estoy hablando es el padre Jesús Arias.

****

Hace unos meses atrás me ocurrió algo que me mantuvo pensando, pero no preocupada. Era referente a alguien a quien respeto y quiero mucho.

Vi a la figura del padre Jesús Arias, no cambiando de figura, pero achicarse y ponerse del tamaño de un niño de 2 años, aunque es en realidad de una estatura corpulenta. Oí palabras referentes a la limpieza, y pureza espiritual, y la santidad de ese ser humano, lo cual era confirmación a lo que en otra ocasión me dijeron referente a él.

No pensé más en eso y dos días más tarde, mi amiga de muchos años Aida me había preguntado cuando iba a prepárale lentejas, pues le gustan mucho de la manera que las preparo, aunque no me gusta cocinar, ni cocino bien, pero me dio lastima, ya que ella no solamente está quedando ciega, pero recién quedo viuda. En fin, aunque yo no me sentía bien hice las lentejas y ella vino a recogerlas. La invite a quedarse un rato y hacer el rosario conmigo. Cuando estábamos en el tercer misterio, mi mente cambio y María no solo me hablo, pero trajo a mi mente lo que mencione antes. Y de nuevo vi a esa persona convertida en niño sin cambiar su físico y oí estas palabras, "Esto es para comprobarte que lo que te dije la primera vez es verdad, y confirmarte la seguridad de mis mensajes. Él es un niño grande en ese cuerpo, él es así en las cosas de Dios." Amen.

****

Lo siguiente fue algo que me pasó y pude ver tan claro de la forma que él Señor nos habla, y quedamos sorprendidos de tantas cosas hermosas que nos deja saber, todo sin darnos cuenta.

Siempre, cuándo me levanto todos los días voy al otro

cuarto y doy las gracias por él nuevo día, por tantas bendiciones recibidas por mi familia, y por todas esas personas que tengo a mi alrededor que para mí son como ángeles. Despúes de mi oración tomo mi café y voy al balcón y repito lo mismo. Despúes empiezo a atender a mis numerosas plantas. Son muchas diferentes y todas están bellas y bien frondosas, y entre ellas hay una palmita que estuvo al punto de morir. Hice todo lo posible para que se mejorara, nueva tierra, abono, agua, etc., hasta le sembré varias otras plantas a su alrededor las cuales todas brotaron, incluyendo la palma que estuvo al punto de morir.

Hoy me puse a contemplarlas y pude ver que a pesar de las diferencias que hay entre ellas todas se ven lindas, y eso me hizo reflexionar en el siguiente pensamiento; "Señor así debiéramos ser los seres humanos para que él mundo, que lo formamos nosotros mismos, lleguemos a la unidad y él amor entre todos, aceptándonos cada uno tal como somos, con nuestros defectos y nuestras virtudes. Ayúdanos Padre, danos sabiduría Señor para poder lograr él amor entre todos. No importa de dónde vengamos, o que en nuestro aspecto exterior seamos diferentes ya seamos rubios, morenos, altos, bajos, feos, atractivos. Solo pensemos que somos hermanos, hijos de un mismo Dios, que nos aceptemos Señor tal y como somos, como esas plantas que yo he visto crecer en esa maceta, todas diferentes, pero yo las cuide con mucho amor, cada vez que brotaba una diferente yo la veía tan linda. A todas juntitas las cuide".

Ahora puedo ver que de esas plantas aprendí a querer más a los demás. Sean quienes sean, y vengan de donde vengan. Así hacia Jesús, y así El pide que hagamos. Que en cada uno de ellos lo veamos a Él. Que en los ojos de nuestros prójimos veamos a Jesús.

****

Hoy espero los inspectores que hacen inspecciones a los apartamentos donde resido una vez al año, y como no precisan la hora de llegada, yo quería estar desayunada y lista para la ocasión. Me desperté temprano y casi al poner los pies en el piso cuando recién me levantaba de cama, oí estas palabras: "Soplan vientos de fuego!" Y vi la Casa Blanca con sus paredes salpicadas de sangre. Fue muy desagradable ver semejante panorama al levantarme.

Que él señor tenga misericordia de la humanidad. Amen.

****

Hoy en la misa de las 12:00 p.m. me ocurrió algo que para mí fue muy lindo. No oí esa voz que me ha hablado en muchas ocasiones, pero fue algo que me puso a pensar cómo, y de qué manera, Dios se manifiesta tan sutilmente.

Casi siempre antes de comenzar la misa se puede oír el murmullo de la congregación, muy parecido al de las abejas en vuelo. Hoy me sorprendió el oír al sacerdote decir, "por favor, oren, oren que va a empezar la misa. Un silencio total se sintió en aquella iglesia, no se oía ni él más mínimo sonido. Comenzaron la procesión de Jesús en su cruz seguido por los monaguillos, diáconos, y él sacerdote. ¡Yo me encontraba en el asiento pegado al pasillo, y al pasar la procesión sentí una energía tan fuerte que si no me sujeto fuertemente al asiento me hubiera caído al piso! ¡Ese momento para mí fue hermoso, pero que espectáculo hubiera sido si eso allí me hubiera sucedido!

El sacerdote que daba la misa ese día era él padre Alejandro Flores.

****

Como estoy escribiendo y no lo hice en el tiempo que sucedió, no recuerdo la fecha, pero una vez el Padre Alejandro Flores pidió oración. Un Padre Nuestro y un Ave María, por él, y por su familia. Esto era algo que yo hacía diariamente desde que él fue diagnosticado con un tumor en un pulmón, y al igual que lo hago también por el padre Jesús Arias, y por todos los sacerdotes.

Un día pensé que, si sería correcto orar por los dos juntos y no por separados, entonces pensé, "¿Será correcto? ¿O debo hacerlo por separado?" Cuando paso un ratico oí estas palabras, "Cada santo en su propia capilla." ¡Entendí que no debía orar por ambos en conjunto, pero si orar por cada uno separado!

****

Esto que voy a narrar ocurrió en una de las ocasiones que me olvide saludar a Jesús al llegar de regreso a mi casa. Me sucedió algo tan bello para mí que me hizo llorar y erizarme toda. Yo acostumbro que al salir de mi casa y cuándo regreso, le doy gracias por haber hecho todo lo que tenía previsto y regreso bien sin problemas. ¡Yo entre al cuarto, oí los mensajes en él teléfono de todas las personas que me habían llamado y a mi espalda oigo estas palabras, "Hola amor!" tal como si me dijera, que paso se te olvido otra vez?

****

Hoy estoy tratando de poner en orden mis pensamientos. Son tantos los que vienen a mi mente que a veces no sé si es que mi corazón está dolido por tantas injusticias que se presentan en el mundo. Parece como si nuestro planeta tierra se estuviera estrechando, y necesitara expulsar a sus habitantes porque ya no hay más lugar para ellos. Tristemente, aunque duela, pero es así. Tantas almas desesperadas por él mundo sin rumbo fijo, y tantos inocentes que no tienen culpa ni saben él porque de las cosas. Sus mentes no pueden entender, esas pequeñas criaturas son las que verdaderamente pagan las consecuencias de las actuaciones de los mayores.

Que la misericordia infinita de Dios Todo Poderoso los proteja y que su luz penetre en la mente y corazón de todos esos que en sus manos se encuentra la solución de todos esos problemas. Amen.

Al despertarme hoy en el amanecer cambié de posición en la cama, al instante, una energía muy fuerte como a menudo me sucede, me envolvió y empecé a oír una voz interior que me decía, "Ora." ¡Y me repetía, "¡Ora", "¡Ora por el mundo, y la humanidad!"

Empecé a orar, y a medidas que oraba como me pidieron que hiciera, todo ese estado de trance, o éxtasis, como quieran llamarle, fue disminuyendo, y al terminar de orar todo paso. En otra ocasión algo parecido me paso cuando fui a hacer el rosario de la Misericordia. ¡En esa ocasión oí esa voz que me dijo, "Hazlo por el mundo entero!" Amen.

****

Estuve teniendo problemas por varias semanas con descontrol de mi diabetes. Jamás, en todos los años he tenido tan alta el nivel de azúcar, pues llego a 349 y ni la medicina, ni todo el cuidado que tomaba con lo que comía me trabajaba. Ese mismo día empecé a caminar por el pasillo del edificio donde está mi apartamento por unos 40 minutos. Ya cansada hablé a Jesús, dije, "Ya no sé qué hacer, todo lo que hago no sirve de nada, acepto lo que tu dispongas, hágase tu voluntad y no la mía." No camine tres pasos más cuando oí estas palabras, "Tranquila, Yo no te voy a dar la espalda." Con solo eso, ya todo cambio.

Bendito sea mi Dios que es el de todos. Amen.

****

Respuesta a mi Petición

"**O**bserva bien mis reglamentos que es el precio con que compras mis gracias y esfuérzate a menudo por parecer menos que los demás, es un saludable ejercicio. No desprecies la ocasión de ejercitar la humildad porque la tarde ya está avanzada y debes apresurarte antes que sobrevenga la noche, pero quédate siempre en mi corazón, allí se trabaja mejor."

¡Al levantarme en la mañana oí estas palabras, "Soplan vientos de fuego para este país!" Que el Señor tenga misericordia de este país y de la humanidad.

Yo estaba preparándome para acostarme, y oí estas palabras, "Hija mía." Después, oí a la Virgen María en

una conversación muy extensa de muchas palabras
sueltas, y por largo rato, pero como no las escribí a su
tiempo, todo se me olvido. Solo unas palabras
completas recuerdo y era, que la Caridad del Cobre
estaba sufriendo mucho. Pienso que era algo referente
a Cuba, pues fue en los días de celebración de la
Caridad, la patrona de Cuba.

****

Encuentro Donde El Señor Me Ha Hablado

Un día, al salir del supermercado de regreso a mi casa,
dando las gracias al Señor por haber podido caminar ese
tramo, oí estas palabras, "Ayúdame." Me sorprendí
mucho cuando escuché eso, pensé y dije. "¿quién soy yo
para que te ayude? ¡si tú lo puedes todo, yo no soy
nadie para que tu estés necesitando de mi ayuda?" y me
contesto, "Ayúdame a salvar almas!" Yo llegue a la casa
sorprendida de esa conversación y tome un libro de
Gabriela Bossis, y más sorprendida aun quede, cuando al
abrir el libro apareció esto: "Te parece sorprendente que
Dios necesite ser ayudado por ti, pero así es, debe serte
dulcísimo el poder ayudarme, ora para obligarme a
conceder esa gracia, más tarde veras esa alma en su
gloria, y su gloria glorificara la tuya."

****

Estás son presentaciones que sin darme cuenta me ocurren, y cuando llego a reaccionar ya paso todo. Cuando tengo problemas de salud, Él me dice que hacer, y enseguida siento el alivio o cura. Él me ha dicho, "Yo soy tu doctor."

Esto me sucedió dos veces. A la tercera vez me dejo saber cuál era la causa de lo que me estaba pasando, y lo que debía hacer para terminar mi problema, y así ha sido. Yo me callo todo esto porque lo primero que van a pensar es que estoy entrando en demencia, y yo estoy más que segura que no es así. Amen.

****

Yo estaba acostada un domingo por la tarde, y después de dormir un rato y haber leído un poquito del diario de Santa Faustina, la cual tenía conversaciones con Jesús cuando Él se le presentaba... como en ocasiones me ocurre a mí. Me habla y se deja ver de mí, pero es muy diferente, pues con Santa Faustina Él se revelaba constantemente ya que la escogió como Su secretaria de la misericordia.

****

Hoy cuando fui a hacer la coronilla al sentarme para empezar, oí estas palabras, "Salvar al mundo." Amen.

****

Santo Pio

Esto me paso hace bastante tiempo, pero ahora lo escribo, pues pienso que debo hacerlo. Yo conocí del santo Padre Pio, cuando mi hijo Carlos me llevo a un establecimiento donde vendían artículos religiosos. Note un librito a cerca del Padre Pio. Me interese mucho, y mi hijo me conto un poco a cerca de su vida cosa que me intereso mucho y quería conocer más de él. Conseguí varios libros y mandé a mi familia en Cuba, más regales a algunos enfermos. Paso el tiempo, y un medio día yo estaba en mi cocina y miré hacia la sala y vi la aparición del Padre Pio. Vestido en una toga color gris, con sus manos puestas entre manga y manga y la cabeza inclinada hacia abajo como en posición de oración. Lo vi lo suficiente para conocerlo perfectamente, y desde entonces es uno de mis santos preferidos, al igual que Santa Sor Faustina.

****

Una vez, hacían como tres semanas que me sentía muy mal, y el doctor me mando tomar antibióticos. Yo continuaba con coriza, y una alergia muy grande, sin ningún alivio. Estaba desesperada y fui en presencia de mi Jesús, María, y todos mis santos; Santa Faustina y Santo Pio. Rogué, "Señor, esto es interminable. Si es tu voluntad lo acepto. ¡Aquí estoy, dame fuerzas!" Inmediatamente vino a mi mente que yo había traído todas las plantas de mi balcón para dentro del apartamento ya que estaban pintando los edificios. Se me ocurrió examinar algunas de las plantas y en una encontré que había florecido unos ramilletes de unas pequeñas florecitas muy lindas y olorosas. Saque la planta para afuera y enseguida se acabó todo mi malestar.

Gracias a Dios porque El me indico lo que debía hacer. Amen.

****

Un día, después de la comunión, estuve leyendo la oración del Padre Pio, y
emocionadamente bese su imagen.

¡De repente lo vi su semblanza frente a mí, y con gran sonrisa me dijo, "Me besaste!" ¡Sentí una gran emoción al oír esas palabras!

****

Una noche alrededor de la media noche, tuve que levantarme por algo, y me vino a mi mente el Padre Pio, y todas las cosas que he experiencia do referente con él. Con las mismas oigo estas palabras, "Yo te quiero mucho."

Hoy viene a mi mente memorias que no me imaginaba que todo lo que ha sucedido en mi vida fuera para que yo me acercara más al Señor, claramente me lo están enseñando. Últimamente he estado teniendo revelaciones, las cuales me dejan saber la causa de cada cosa importante que ha ocurrido en mi vida. Sin darme cuenta he podido ver tan claro, que sinceramente, es impresionante como Dios trabaja, y el propósito de cada ser humano que viene a la tierra y trae una tarea a cumplir.

Desde ocho años antes de la muerte de mi esposo, a mí me estaban enseñando que era lo que tenía que hacer cuando eventualmente, me quedara sola. Nunca pensé que todo sucediera de la forma que fue, pero paso a paso, en el trayecto de la enfermedad de mi esposo, me enseñaban la forma en que iba a pasar todo, incluso hasta el final de sus días. Sobre todo, aprendí como vivir mi soledad, acercándome a Él y a su Madre María. Mi refugio ha sido ellos dos, y cada día me siento más protegida, y estoy segura de que me van a ayudar hasta el final de mis días. Amen.

****

Hace unas cuantas semanas me ocurrió algo que no quería escribir, pero siento que lo tengo que contar. Vi a Jesús con su túnica, igual que lo he visto otras veces, pero esta vez se parecía al Cristo resucitado. ¡Estaba parado solo en un campo muy extenso, y lo vi frente a mi claramente Cuando me di cuenta de que era El me sorprendí, pues hasta pude verle los ojos y sus pestañas!

Abrió sus ojos y elevo su mirada hacia arriba. ¡Me quede en choque, pero inmensamente feliz!

No sé si alguien leerá estas palabras que escribo, quizás piense que estoy loca, pero yo estoy bien de mis facultades mentales. Con esta son 9 veces que veo a nuestro Señor Jesús Cristo. Amen.

****

Algo Muy Lindo Que Recibí De Jesús y La Virgen María

Un día me encontraba en el cuarto limpiando el piano donde tengo las imágenes de ellos, y de repente los sentí a mis espaldas, y los vi a los dos.

En ese tiempo yo estaba pasando por momentos difíciles debido a mi salud, la cual me tenía muy preocupada. Sus presencias fueron para dejarme saber que estaban conmigo, que no me preocupara, que estaban para ayudarme.

En muy corto tiempo pude ver sus manos, y el resultado fue su bendición resolviendo todo mi problema. ¡Bendito sea El Señor! Amen.

****

Una vez, hacía mucho tiempo que yo tenía problemas en la boca y estaba bien preocupada, pues aquello no terminaba y hasta llegue a pensar que podía ser algo grave. Un día fui a mi cuarto como para tomar fuerzas y dije, "Señor, aquí estoy, hágase Su voluntad." Empecé a sentir ese cargo de energía que a veces siento y empecé a hablarme a mí misma; "¡¿Yo estoy bien, no tengo nada, mujer de poca fe, porque dudas?!" Después oí estas palabras, "Todavía no es tiempo."

****

Esto me sucedió hace un tiempo atrás, como no lo escribí a tiempo no lo recuerdo, pero si se su significado. Me encontré en un lugar donde me dejaron ver la extensión de todos los años vividos por mí, desde mi nacimiento hasta hoy en día, y me fue intenso.

Me vi descendiendo una escalera en la cual me encontraba parada en el centro del cuarto escalón, y me faltaban tres por terminar de bajar. ¡No sé si fue éxtasis o fue sueño, solo sé que estoy clara de lo que vi, y creo su significado!

Señor, dejémonos sentir como una antorcha encendida en medio de la oscuridad.

****

Hoy cuando me levante fui a la cocina a preparar mi café y escuche estas palabras, "Una nueva esperanza." Me gustó mucho oír esas palabras y pensé a tantas cosas en las que puedo aplicarlas, no sé exactamente, pero estoy segura de que el Señor me va a dejar saber de qué se trata, estoy segura. Hoy estoy escribiendo esto al recibir este mensaje.

Hace treinta años yo tuve una operación de cáncer, y recién me estaba sintiendo cosas muy raras en ese seno. Trataba de no preocuparme demasiado por eso, pero tuve que consultar al médico inmediatamente. Mando hacerme una mamografía y otros exámenes. Al final de los exámenes solo tomo una hora para que el doctor en el hospital los revisara, y me dijo, "¡Puede irse, todo está bien, regrese en un año!" Enseguida vino a mi mente lo que había oído unos días antes, "...una nueva esperanza." Di mil gracias a Dios por tantas bendiciones. Amen.

****

Sueño Que Lo Tomo Como Mensaje

Hoy al amanecer tuve un sueño lucido, y se trataba de lo siguiente; me encontraba viajando con mi esposo y dos personas más. Pasamos por un lugar inhóspito como pantanoso, y muy solitario, yo les dije, "Por favor, paren aquí, quiero ver algo." Baje del auto y entre en ese lugar, enseguida el auto arranco, y siguió su marcha. ¡¿Yo me preguntaba, "¿No puede ser, como se fueron?!" y los buscaba, pero ellos habían desaparecido. ¿Yo incrédula, me preguntaba como él (mi esposo) permitió que me dejaran sola? Con terror pase corriendo por tramos de caminos solitarios para encontrar lo antes posible, un lugar poblado.

Encontré un pueblito, pero no era el que yo buscaba. Seguí mi carrera hasta que encontré una puerta inmensa, la cual estaba cerrada. Comencé a empujarla para abrirla, pero me era imposible. Yo me decía, "Esto me parece ser una iglesia," y continúe mi esfuerzo hasta que finalmente la puerta abrió, y entre. Había una claridad inmensa en ese lugar tan grande, y estaba llena de fieles, y yo me sentí muy feliz.

Después camine más adelante dentro de ese santuario y oía las palabras en inglés, "Mother of Christ, Mother of Christ," las cuales eran repetidas una y otra vez. Seguí caminando y llegué a un sitio que me hizo sentir muy bien, pero en esta no había fieles ni imágenes, solamente la Virgen María, bella, linda, muy grande, tan alta que llegaba al techo. Yo seguía oyendo las palabras en inglés, "Mother of Christ."

Anteriormente mi convicción no era el catolicismo, pero sin darme cuenta de la mano me llevaron Jesús y María al santuario. Amen.

****

Primera Aparición De La Virgen María

En el año 2004, mi hijo Gregory vino a visitarnos, y toda la familia nos reunimos en West Palm Beach en casa de mi hija Sara. Por la noche todos estaban preparándose para acostarse. Mi esposo no quiso dormir en uno de los cuartos y me dijo, "vámonos a dormir aquí en el "family room," donde había un sofá seccional grande, muy cómodo, donde fácilmente podían acomodar a dormir más de tres personas. Allí dormimos mi esposo y yo cómodamente.

Yo estaba agotada y pronto quede dormida, pero a media noche me despertó algo que es difícil explicar, el sentido fue algo que descendió del techo de la habitación. Oí un ruido, y vi una mujer muy linda vestida en blanco transparente y un manto color azul cielo. La aparición era de un mujer menudita y bella, e inclinándose hacia adelante, comenzó a hablarme. Extendió sus manos y apuntando con sus dedos, no en forma de regaño, me advirtió algo, "Vosotros a esas aguas no os acerquéis."

Quede sin palabras, pero lo ocurrido me mantuvo tratando de entender su significado. Unos meses más tarde pude darme cuenta del significado de su advertencia.

Gracias madrecita mía por reprenderme y dejarme

saber, te amo María. Reconocí que la visión era de la Virgen María. Desde entonces ella se ha comunicado conmigo muchas veces. Amen.

Esto paso una madrugada cuando mi esposo estaba muy enfermo. Muy a menudo yo oía las palabras, "Que Dios te bendiga." Me paso otra vez, pero la voz sonaba más distante, y decía, "Que Dios te bendiga." Al rato dijo, "Me gusta la eternidad y la acepto," la voz siguió una larga conversación con una explicación referente al porqué tenemos que irnos más tarde o más temprano. Realmente tenemos que irnos porque nuestro cuerpo está hecho de una sustancia la cual no puede permanecer por mucho tiempo en este plano, ya que se va deteriorando y se descompone debido a las enfermedades, accidentes, etc. En algunos casos ese material es más resistente y puede durar más tiempo, pero en este mundo todo llega a su fin. Si nos ponemos a pensar en eso nos daría más confianza y conformidad, comprenderíamos la razón por la cual tenemos que soltar este cuerpo material. La verdadera vida no es la física que tenemos en este planeta tierra, pero si la vida espiritual que es eterna.

Tenemos que trabajar muy duro contra los obstáculos que se nos presentan para hacernos caer. Debemos luchar con todas nuestras fuerzas para ganarnos el perdón y la misericordia de Dios. Estar limpios de culpa para cuando lleguemos a esa otra vida purificados, que Él nos reciba con sus brazos abiertos. Amen.

Al terminar de escribir toda esta conversación que me enseñaron, fui a la cocina y preparé un café, me senté donde tengo escogido para meditar y sentí la presencia de Jesús, y oí bien clara su voz, "Me complazco al hablar contigo." Pensé en esas palabras y me llené de gozo y pensé: ¿Cómo esto pudo sucederme a mí...seria esta la confirmación dejándome saber que esa conversación era real, no ilusiones? ¡Mil gracias Santísimo Poder Divino! Amen.

****

Algo me ocurrió mientras oía la misa por Radio Paz a la 1:00 p.m. Sé que era un mensaje, pero no entiendo su significado ni por qué lo recibí.

Vi claramente a un trono, y aunque no su rostro, vi que se acercaba un Rey a sentarse en ese trono. El llevaba puesto un traje regio y una corona preciosa. Los adornos de su traje eran barritas de oro fino bien pulidos y brillantes, como un militar de alto rango, pero su traje era de un Rey. Él se movía en su trono impacientemente tal como esperando a alguien. Yo sé que era alguien importante pues su aspecto era real, pero sé que no era Jesús. La visión duro como tres o cuatro minutos. Fue algo no común, pues cuando Jesús se ha aparecido me ha dado tiempo suficiente para distinguirlo, y reconocerlo. Ya son ocho veces que se me ha presentado, aunque siempre en distintas formas.

Esta aparición que duro tanto rato del Rey impaciente, su trono, la corona, su traje real adornado con el oro tan brillante, todos esos detalles, me es inexplicable cuál ha sido la razón para que eso me ocurriera. Si estoy segura de que tengo que decirlo a mi guía espiritual, el sacerdote al cual yo le llamo, "El niño grande de María."

****

Visión De Nuestro Señor

Anoche vi una visión la cual tengo que contar. Vi a Jesús con su túnica, y con la corona de espinas, inclinado hacia abajo apoyando sus manos al suelo. Me parecía como si estuviera tratando de levantarse de una caída, para mí era su tercera caída, solamente vi de sus caderas para arriba.

También vi la cruz, pero no encima de Él estaba colocada al lado, y Él tenía su cara muy contraída por el dolor. Todo eso ocurrió en corto tiempo, pero fue suficiente para que yo supiera claramente que a quien veía era a nuestro Señor Jesús. No sé el porqué de sus apariciones, no se su significado, pero estoy segura de que si es su voluntad El me lo dejara saber.

Gracias Señor, pues no soy nadie para merecer esa gracia tan bella de dejarte ver por esta sierva tuya, tantas veces. ¡Gracias Padre, muchas gracias, Padre mío! Amen.

Yo tengo un librito con una ilustración de Nuestra Señora, de su encuentro con Dios, y ella tiene cargado al niñito Jesús con sus piececitos descubiertos.

Siempre que yo termino la oración le beso sus pies y digo, "Que lindas son tus patitas," y como yo he visto más de siete apariciones de Jesús ya hombre, siempre le decía," yo quiero verte cuando eras así de niño." Un día me paso algo diferente. Pude ver en un sueño, un niño bello como de dos añitos, desnudito, encima de una mesa larga, caminando para atrás de espaldas y a punto de caer porque llegaba al final de la mesa, y no lo veía. En ese momento di un salto y lo agarré en mis manos antes que callera al piso.

Empecé a buscar a su mama, y vi a María saliendo de una casita muy humilde, con piso de tierra y con muy pocas posesiones, tal como se ven en las películas. Ella tenía un pañal en la mano, y hablaba conmigo todo el tiempo. Al niño no lo vi más, pero ella era la misma María que aparece en una ilustración que tengo.

Esta vez fue en un sueño, pero sé que fue Jesús y su madre la Virgen María, y El me concedió verlo en su niñez, como yo siempre se lo pedía cuando le besaba sus piececitos en la ilustración. Amen.

****

Mi Primer Retiro

Hace un tiempo participe en mi primer retiro católico, y todo paso por pura casualidad. Yo comencé a visitar una reunión de oraciones donde había otra señora que también visitaba, y su hija la cual viajaba desde España para ser voluntaria de esos retiros. La hija siempre invitaba a su madre, pero nunca la madre le aceptaba la invitación. Esa vez la hija fue a la reunión y cuando le menciono a su madre de ir al retiro su madre contesto, "Yo voy, si ella va" apuntando hacia mí con su dedo, la señora apenas me conocía. Yo conteste, sin saber apenas como iba a ser el retiro y dije, "No se hable más: yo voy." Era un retiro de Emaús, y estuvimos tres días maravillosos.

El último día nos dieron a escribir una carta para enviarla a nosotras mismas y yo no sabía qué hacer, y empecé a escribir sin parar. No sé ni porque tengo que escribir esto, pero Jesús me dice, me enseña, que Él quiere que yo haga todo lo que en este lugar hicieron conmigo, no importa quienes sean, solo que riegue la misma luz y amor como fui tratada en ese lugar. Que mantenga firme la pisada en la fe, y que El permanecerá conmigo y con los míos hasta el fin de mis días. Yo estoy segura y así lo siento, que es El quien está guiando mi mano para escribir esto.

****

Tuve un sueño un mediodía el cual no puedo explicar bien, pero se su significado. Yo todos los días tomo una siesta después de almorzar, y ese día tenía un libro de la guía del santuario de la madre de Dios en Polonia, el cual puse a un lado pues sentí sueño, y en un segundo empecé a ver algo parecido a un carrusel muy pequeñito como en miniatura. Tenía cesticas de plata muy lindas en pedestales, eran como cuatro cestas en una hilera. Oí la palabra "Balanzas," y veía cuando pesando, unas balanceaban más que las otras. Oía las palabras, "Cuarta balanza."

Cuando abrí los ojos pensé que con la misma medida que midas, así te medirán. Pido al Señor, y a la Virgen María que me enseñen el significado si es su voluntad.

****

Anoche fue lunes día de la reunión de oración, y tuvimos una jornada muy fructífera. Hablamos de varios temas, y como siempre hicimos el rosario de la Divina Misericordia, y el de la Virgen María. Después uno de los temas que discutimos fue referente a la lengua que habla del prójimo, pues a veces sucede sin uno darse cuenta, y las personas tienden a hablar, y hacer comentarios inapropiados de otros. Tenemos que tener mucho cuidado, y como a veces escribo de diferentes temas yo tenía uno referente a eso mismo, el cual leí en el grupo de oración.

Termino todo y regrese a la casa y cuando puse mis cosas en la mesa oí estas palabras, "Que Dios te bendiga." Cuando mi esposo estaba enfermo era muy a menudo que yo lo oía, y ahora es de vez en cuando. Solo sé que fue por la lectura que tuvimos referente a la lengua que habla del prójimo. Hacía falta mencionarlo. Gracias Señor.

****

Un día yo estaba limpiando el baño, y cuando comencé a limpiar el espejo, oí estas palabras, "¿Tú quieres saber el nombre de tu guía custodio?" Yo salí enseguida de allí y me puse a pensar, "Si pienso en un nombre soy yo quien lo está diciendo," y me negué. "Si digo Juan, Armando, Francisco, o cualquiera que yo piense soy yo la que lo está pensando."

Me canse de estar esforzándome en pensar tanta bobería, y paso un tiempo largo como para olvidarme de toda la ocurrencia. Al continuar limpiando la cómoda, oí el nombre, "Marco Antonio." Cuando reaccione me di cuenta de que querían que yo supiera el nombre de mi guía custodia, y después al poco tiempo le vi su figura bien clara. Así que Dios me dio esa bendición de conocer mi guía custodia.

****

Hoy estoy escribiendo a cerca de algo bien lindo que me ha ocurrido, pues ya llevo dos noches soñando con niños. Antes de anoche el sueño que tuve había varios niños como de un añito, y una niña de esa misma edad, los cuales estaban solitos y con mucho frio. Yo cargué un varoncito que no tenía camisita puesta y alguien me dio una, se la puse y se puso muy contento. Yo lo acariciaba y le decía "¿Verdad que ya no tienes frio?," y me sentí muy tranquila al verlo abrigadito.

La siguiente noche soñé de nuevo con niños, estos eran un poquito más grandes, pero se encontraban en la misma situación de los otros. Me puse a pensar, y vino a mi mente que por diez años yo estoy haciendo donaciones al hospital St. Jude, para ayudar a los niños con cáncer, y ya hace tres meses no recibo los sobres que la organización St. Jude envía para la donación mensual, parece que me salí de la computadora. Yo llamé por teléfono para arreglar todo.

Uno de mis hijos en mi cumpleaños me regala dinero y lo destino para donarlo a los niños que sufren de cáncer.

Lo siguiente me sucedió al despertarme un día, no fue sueño, fue real. Oí una voz que aparentaba estar cerca de mi pecho, "Zoilita, ¿Cómo fue Jesús creado, o engendrado?" Para mí fue como una prueba, yo discutí y dije, "No fue creado, fue engendrado en el vientre de la Virgen María por el Espíritu Santo." Todo pasó en cuestión de segundos. Entonces escuche una voz muy suave y dulce, que en mi mente fue Santa María Faustina. Yo leí su diario, y he podido conocer su vida, y la relación tan bella que tenía con Jesús, y como Ella escogió como la secretaria de Su Misericordia. Yo sé que era ella la que me hablo, pues ella me dijo, "Zoilita no tengas miedo a la muerte," y le conteste, "Yo no tengo miedo a la muerte." Después de esta ocurrencia yo he oído su voz en ocasiones, y me llama Zoilita. Amen.

****

Anoche me acosté pensando porque, cual es la razón de mi azúcar estar tan alta, pues estoy tomando la dosis de la medicina más alta. Realmente preocupada, trate de relajarme, tome una taza de tilo ya que no tomo pastillas para los nervios, gracias al Señor. Cuando estaba tranquilita oí la voz que para mí es Santa María Faustina. Cuando Jesús me habla, yo conozco su voz también, y la voz de la Virgen María también la conozco. El que lea este escrito, por favor no piense que estoy loca.

No hace mucho paso algo que me agrado, pues sin darme cuenta pase a la otra dimensión. Cuando me di cuenta lo que ocurrió lo encontré tan lindo. Que feliz me sentí, me dio mucha alegría y aunque no vi nada, sentí una tranquilidad grande en saber que pase al otro lado sin darme cuenta. Yo me decía, "¿Cómo fue? ¿Yo no sentí nada, como pudo ser?"

Después regrese acá, pues no era mi tiempo todavía. Ojalá sea así cuando suceda. Es posible que sea así, Santa María Faustina me dijo una vez, "Zoilita no tengas miedo a la muerte."

****

Anoche me pasó una linda ocurrencia, fue aproximadamente a las 7:30 p.m.
Yo estaba muy cansada con todo lo que hemos pasado por la muerte de mi hermana Nena. Llegamos a casa después del entierro, y me senté a ver el noticiero en la televisión. De pronto apagué la televisión y pensé, "Me voy a hacer el rosario porque después me da sueño y no quiero dejar de hacerlo." Hice todas mis oraciones, más el rosario, y cuando terminé, saliendo del cuarto, oí estas palabras, "Te amo." ¡Qué lindo fue oír eso! Yo tengo en ese cuarto su imagen, es la Virgen María, y fue ella quien me hablo pues yo conozco su voz. Amen.

****

Hoy me demore para hacer el rosario de la Divina Misericordia ya que prefiero hacerlo si es posible a las 3:00 p.m., pero ese día no lo hice. Eran las 7:00 p.m. cuando me senté a mirar algo en la televisión. ¡Cuando me acorde, di un brinco y dije, "¡Hay, se me olvido!" Al dirigirme hacia mi cuarto de oración vi la cara de Jesús riéndose feliz por lo que hice. Lo reconozco, pues lo había visto otras veces, pero nunca riéndose, y me sorprendí. ¡En otra vez me paso algo parecido, pero fue con la Virgen María, en esa ocasión al entrar al cuarto oí las palabras, "Gloria, Gloria, Gloria!," y me di cuenta de que la razón fue que dejé todo para hacer el rosario, pues había olvidado hacerlo.

****

No hace mucho, parada frente al espejo en el baño haciéndome una limpieza de cutis, lo siguiente me sorprendió. De pronto oí estas palabras, "No te preocupes por limpiar tu piel por fuera para lucir bien, mejor preocúpate de limpiar tu alma y tu corazón por dentro para que más tarde no haya penas ni lamentos." Me sorprendí y pensé, "Señor, ¿tú me ves tan mal?" Me veía como si estuviera podrida por dentro, pero enseguida me dejo saber que espiritualmente todo es vanidad, y nada de eso sirve para nada.

Yo le doy gracias por recordarme lo que es

verdaderamente muy cierto. Amen.

****

Hoy al levantarme puse Radio Paz para oír las noticias de Israel. Se estaba atacando por tierra el lugar de conflicto, porque ellos lo hicieron primero. Mandaron a salir a los habitantes y empezaron a atacar con tanques. Me puse muy triste, y me ericé toda ya que en mi mente yo veía esos tanques barriendo ese lugar, y sentí mucha lastima por unos y otros. Veía ese lugar devastado por los tanques. Todo destruido.

Oí, y sentí, la palabra "Cizaña", y recordé lo que dice la biblia que hay que dejar que la cizaña crezca para poder arrancarla y no dañar la yerbabuena.

Alabado sea el Santísimo Poder Divino.

****

Hoy yo estaba tratando de poner en el balcón una mata grande en maceta la cual es bien pesada y no la podía cargar. Pero mi hermano Ángel me la cargo.
Él la puso en el lugar que mejor le parecía, pero en la mañana quise colocarla en el puesto donde para mi lucia mejor. Luche, trate, y pase muchísimo trabajo pues como dije, pesaba demasiado para poder moverla yo sola.

No me explico cómo pude, pero lo hice, y cuando estaba contemplando mi mata viendo lo linda que se veía en ese lugar, oí estas palabras, "Nada de esto te va a llevar al cielo." Tuve que reírme, y conteste, "Tú tienes razón, por supuesto." ¡Yo sé quién me hablo, pero en realidad nunca aprendemos!

Esta mañana como siempre me desperté a las 3:30 a.m. Vinieron a mi mente muchos pensamientos, y dije, "Señor yo estoy lista para cuando quieras Señor. Cuando me llames no tengo miedo," Me acosté de nuevo, y como siempre, hice una oración.

Algo muy raro me paso, pues por un momento me sentí como si mi cuerpo hubiera pasado, como si hubiera muerto, pero mi espíritu quedo aquí en el planeta tierra. Yo he oído decir de algunas almas que se han ido y les ha sido difícil realizar que en realidad han fallecido, y piensan que siguen en esta dimensión terrestre. Eso mismo me sucedió y así me sentía yo, y al momento oí estas palabras, "Todavía no es tu tiempo, todavía no." Al momento me libre de eso en que me encontraba.

****

Esto me paso un día que fui a dar disculpas a Jesús. Es mi costumbre siempre que salgo de mi casa despedirme de Jesús y mis santos, y a mi regreso los saludos, y doy las gracias por estar de regreso.

En un cuarto de mi casa tengo un pequeño altar el cual incluye el Cristo de la Misericordia, Jesús, Santa Faustina, la Virgen María y Santo Pio. Cuando regresé a mi casa a ellos les dije, "Perdónenme, se me olvido despedirme hoy antes de salir." Cuando me viré de espaldas oí estas palabras, "Amad, y sed amado." ¡Me lo dejaron saber, y ya no se me olvida más!

****

Lo siguiente me sucedió hace más de cinco años

Yo empecé a visitar un lugar de oraciones donde se reúnen muchos. Había una señora que era parte del grupo que hacía muchos comentarios sobre un tema que a mí me molestaba mucho, y ya me tenía obstinada con sus palabras hirientes. Yo me dije, "No voy a venir más porque ella lo hace adrede," y decidí hablar con la principal del grupo y le conté lo que me estaba pasando. Anteriormente no le había dicho nada, pero ya estaba decidida a dejar de asistir a ese lugar.

Un día, yo misma empecé a meditar y orar sobre el asunto, y cuando termine fui al refrigerador donde tengo al costado, un papel con el número de emergencia 911, pero también nota teléfonos de emergencia que son más efectivos. La lista es larga y solo puse mi vista en uno de los números, 1 Corintios 13, "amargada y dura perdiendo la confianza en las personas." Tomé la biblia y leí, eso me hizo pensar, pues habla del amor. Me tranquilicé y pensé. "Soy yo la que tiene que trabajar conmigo misma!"

Pasaron unos días, y una noche a media noche desperté, y vi algo muy lindo. Era como un pasillo bien alumbrado y muy alto, con luz en el techo y a los lados. Era un espectáculo bello, y entraba un hombre desde lo lejos del pasillo con una túnica blanca, y a medida que se me acercaba se iba poniendo más pequeñito. Más y más que tal parecía que iba a entrar en mi pecho, y en eso oí estas palabras, "Perdona nuestras ofensas, así como nosotros perdonamos a los que nos ofenden."

Después de esa visión, apareció un cambio tan grande en esa persona que tanto me ofendía, y en mí también que todo ha pasado al olvido, y hoy en día ella resulta una buena amistad con la que cuento en estos momentos. Increíble, pero cierto.

Fue Jesús quien provoco el cambio, Él no quería que saliera del grupo. Amen.

****

El Señor Me Hablo

Una vez, mi amiga Sonia Romero me pidió ayudarla en algo. Ella trabaja y es la coordinadora de este complejo donde vivo, Lakeside Towers. En la temporada de Thanksgiving se pide ayuda para hacer recogida de comestibles para los más necesitados. Yo nunca había hecho eso y me daba pena pedir, pero me decidí hacerlo. ¡Cada vez que terminaba de solicitar por teléfono yo misma no me lo creía por lo increíblemente fácil que me resultaba pedir! ¡Todo fue un éxito! Cuando termino todo, fui para la sala donde tengo una fuente y la puse a funcionar para oír el agua caer, cuando me incorporé hacia delante, oí estas palabras que me emocionaron mucho, "Quien dijo que tú no puedes, ¿Ya ves que lo hiciste?" Amen.

Antes de esto que relato, yo pedía al Señor que me enseñara cómo yo podía ser útil, pues debido a que deje de manejar, no me podía brindar para muchas cosas. Por ejemplo, en la iglesia para cantar en el coro, pues siempre me gustaba cantar, para servir en la iglesia en muchas cosas, siempre he dicho, "Señor enséñame que puedo hacer por ti, como te puedo ser útil." Solo que voy, hace seis años, una vez al mes a una reunión de Betania con la señora Zaya. Ella lleva más de catorce años en esa misión. Es para dar ánimo a las personas que han perdido seres queridos y con nuestras conversaciones encuentran alivio. Los sacerdotes se lo recomiendan a esas personas. Esas palabras que me dejaron oír bien claritas después de la recogida de Thanksgiving fue la respuesta a mis peticiones....

"¿Quien dijo que tú no puedes? ¿Ya ves que lo hiciste?"

****

Me Entrego A Ti Madre

Esto que cuento me ocurrió hace dos días en la noche y no fue precisamente un sueño, no sé cómo explicarlo, pero era en conexión con la Virgen María. Yo estaba en conversación con Ella, y le decía que me entregaba a Ella en cuerpo y alma, y a su hijo también, así pase toda la noche. Yo tenía en la mano una cajita que contenía algo muy importante para mí, pero no puede saber su contenido. Lo sucedido duro largo tiempo pues llegué a levantarme por un rato, me acosté de nuevo, y pude regresar a la misma conexión que tuve anteriormente casi hasta la mañana. Lo que me sucedió fue algo muy lindo, y me siento tan bendecida por todas estas apariciones, encuentros con ella, etc., que no me alcanza el tiempo que me queda de vida para agradecerle. Amen.

Después de eso le hice el cuento a mi amiga Carmencita, la persona que me ayudó mucho al entrar a la iglesia, pues yo no tenía mucho conocimiento de la religión católica. Ella tenía la virgencita misionera y me puso frente a ella y me consagro a la Virgen María.

****

Me Gustaba Cantar

Al cabo de entrar en mis 70 años comencé a componer. Primero himnos religiosos, después canciones, canciones infantiles, poesías, y cuentos. También escribía teatro, el cual uno de ellos fue realizado durante una fiesta presentada por la organización HUD, para los residentes de edad mayor en el club de los apartamentos donde vivía. Fue un éxito y pidieron que les ayudáramos con otra actuación para la próxima inauguración que tuvieran.

Siempre que yo escribía una canción la hacía con su melodía, la grababa cantándola a la a cappella, y después la guardaba y no hacía más nada. De vez en cuando en mis pensamientos yo decía, "Señor, si Tú me distes ese don, ayúdame y dame la idea que yo debo hacer." Pero siempre la respuesta era "No."

Recibí algunos mensajes donde me dieron a comprender la causa, y ahora entiendo. Fue El Señor que evito mi desarrollo en esa materia de farándula. Aunque pude disfrutar, y llegue a hacer tres cd's, todo fue para probar mi fidelidad. Comprendí que, si yo me hubiera desarrollado en ese camino, no me hubiera entregado a Jesús y la Virgen María de la manera que lo he hecho. ¡Sinceramente me siento más feliz habiéndome entregado a Ellos!

Solo Les pido que siempre me guíen como han hecho, y continúen hasta el fin de mis días. ¡Quiero que sepan que soy toda suya, que me entrego a Ti y a la Virgen María, en cuerpo y alma! Amen.

Hace unas cuantas semanas me paso algo muy lindo.

En la iglesia ese día, una pareja que cumplía 48 años de casados, se presentó frente al sacerdote para que los bendijeran en tan bonita ocasión.

Yo pensé, que lindo hubiera sido si mi esposo Estefano y yo lo hubiéramos podido hacer cuando cumplimos los 58 años de casados. Todo paso mientras yo miraba a Jesús en la cruz. Fue una larga conversación con El que tuve yo.

Entonces empecé a oír cuando me contesto Jesús. "Él fue quien te trajo a la iglesia." En ese momento vino a mi recuerdo el sueño que tuve una vez, donde mi esposo, y los otros, me dejaron sola cuando bajé del auto, y en mi búsqueda encontré una puerta que, al abrirla, era la iglesia.

****

¡Tranquilo Estefano!

Este evento que cuento fue una visión que tuve de mi esposo un tiempo después del haber fallecido.

Yo hacía varios días que me estaba sintiendo muy deprimida, con muchos deseos de ver y saber de él. Yo me paraba frente a la imagen de Jesús, y mis santitos, y les pedía, "¿Quiero saber cómo él está, como se siente?", tenía gran ansiedad, y me sentía apretazón en el pecho.

Sería poco más o menos la 1:00 p.m., fui a la cocina, y pronto empecé a sentir una energía muy fuerte a mis espaldas, sentía como si hubiese una figura alta detrás de mí. Pude darme cuenta de que la energía que sentía era la de mi esposo. Yo le he podido ver su imagen en otras ocasiones, pero, aunque no fue así esta vez, yo estaba convencida que era su energía.

¡Empecé a orar, y le decía, "Tranquilo!" Así solía decirle yo en ocasiones, y él se reía conmigo. Empezó a decirme, "Yo estoy bien." Mentalmente yo podía ver la elevación en que él se encontraba, mientras tanto el continuaba, "Esta es otra dimensión. Es como una trasferencia a otra dimensión. Piensa que cuando estas en la escuela vas pasando de un grado a otro, así es como vas creciendo, y elevándote. Cuando estas en el ejército vas también subiendo de grados," y seguía elevándose. Cuando todo eso termino sentí una tranquilidad muy grande, y le daba yo gracias al Todopoderoso.

¡Todo esto me hace estar más segura que la muerte no

existe, que es solo una transferencia a otra dimensión!

****

Mi Hijo Carlos, Y Como Me Siento Hoy

Ahora voy a hablar de mi hijo Carlos, por él fue que conocí al Santo Pio. Carlos es el tercero de mis hijos varones.

Cuando nació Gregory, el más pequeño de los cuatros, Carlos tenía once años. Él también tiene su gracia psíquica desde que tenía cinco años, pero no habla a nadie de eso, solo habla conmigo. Nosotros nos comunicamos al respecto, y nos consultamos uno al otro, y damos nuestra opinión.

Tengo muy buenos hijos, y yo estoy muy orgullosa de ellos, pero el que más posibilidades tiene para venir a visitarme es Carlos. Ninguno de ellos vive cerca de Miami, pero siempre están pendientes de mí.

Cuando mi esposo murió, yo quise quedarme aquí en Miami. Estoy muy activa, y soy voluntaria en varias cosas, y aunque yo tengo noventa años me siento muy bien. Mientras siga así voy a continuar haciendo lo que con tanto amor hago. Ellos están muy contentos, y les digo, "Tranquilitos, yo no soy boba, cuando yo sienta que no puedo, yo grito."

Vengo de una familia de doce hermanos, y hermanas, y soy una de las más pequeñas. Mi padre falleció a los 100 años, y hasta entonces fue muy saludable, nunca necesito espejuelos para leer, y tenía su dentadura completa y, sana.

Mi madre falleció a los 96 años, y siempre fue una mujer muy sana, y bien conservada. Hoy en día, de esos 12 hermanos y hermanas solamente quedamos tres hermanas, y un hermano. Doy muchas gracias a Dios por tantas bendiciones en nuestra familia tan numerosa.

Gracias Padre, por ser tan generoso con mi familia. Amen.

****

Esto que voy a contar sucedió en el mes de diciembre, del 1992.

Yo me acosté después de almorzar, como acostumbro a hacer cuando tengo la oportunidad. Dormí un rato, y cuando me senté en la cama para levantarme, tuve como un trance. Empecé a oír lo siguiente, "El 15 de enero va a suceder, y van a pensar que es un accidente. Pero no es así, y va a morir." Pude entender que sería alguien muy conocido. ¡Lo único que falto en el mensaje fue que me dieran el nombre de la persona!

Mi hijo Carlos estaba con nosotros y le conté lo que me sucedió, y me dijo, "Mami escribe eso." Yo le decía a el que yo pensaba que sería un político, o un artista, porque yo estaba oyendo tantas veces que sería alguien muy conocido. Carlos insistió que escribiera la fecha que me dieron.

La tragedia fue de mi hermana Eva. Todo pasó según el mensaje que recibí. Ella había regresado tres días antes de un viaje a Pensacola para visitar a mi hermano Ángel. Cuando llego del viaje llamo a la esposa de mi sobrino, y le dijo, "Por favor, te espero mañana."

Al día siguiente, fueron a recogerla según habían acordado, pero ella no contesto cuando le tocaron en la puerta varias veces. La hija de mi sobrino la llamo a su teléfono para ver qué pasaba, como ella no fue quien paso a recogerla, pues fue otra persona, pero mi hermana no contestaba el teléfono.

Pensamos que eso ocurrió en la madrugada, de acuerdo con los detalles que encontraron. Como a las 8:00 p.m., mi sobrina bien alarmada porque no había oído de Eva, se puso en contacto con los demás familiares. Cuando fueron a su apartamento, encontraron a mi hermana muerta, caída en el piso en una posición como que, si se hubiese sentido mal, y se sentó en el piso. Pensamos que eso ocurrió en la madrugada, de acuerdo con los detalles que encontraron. Anteriormente, en una visita a su doctor, él le había dicho que ella había tenido como 25 pequeñitos "strokes." Posiblemente durmiendo le dio otro más grande.

En la noche que mi hermana Eva falleció, vino en espíritu a despedirse de mi hijo Carlos, al cual ella se había apegado mucho cuando él era niño. Esa madrugada Carlos despertó de una pesadilla, la cual fue la siguiente; Alguien le estaba tocando en su puerta, y cuando el abrió la puerta vio que era su tía Eva. ¡Ella se iba de viaje en coche y vino a despedirse de él!

Ese fue el despido final de mi querida hermana, Eva.

****

Hoy, antes de comenzar con el rosario, pedí a la Virgen María para que ella cuidara, y guiara a mi hijo Carlos con unos planes que él tenía. Quería estar segura de que sus planes les resultarían para el bien.

No me di cuenta en que parte del rosario fue, pero en un segundo, sentí mi mente trasladarse, y pude ver que todo saldría bien, que él no tendría problema alguno.

¡Gracias Madre querida por tus bendiciones, y saber que tú me oyes cuando hablo contigo! Amen.

****

Hermanos

Hacía varios días que me sentía triste, y preocupada, pues dos de mis hijos estaban un poquito distanciados. No eran problemas grandes, pero eso no me gustaba. Son diferentes caracteres, y siempre les pido que estén todos muy cerca uno del otro. Les digo, "Somos una familia corta, y cuándo yo me vaya, como soy él palo mayor que los une quiero que nunca se alejen, y que se mantengan siempre unidos."

Tengo que dar gracias a Dios porque lo he logrado, aunque siempre pueden surgir algunas diferencias, ya que cada uno tiene sus propias características.

Como la Virgen María ha sido siempre mi paño de lágrimas, y tengo muchas pruebas de los milagros que ha hecho conmigo, yo empecé a pedirle que me ayudara a que ese problemita se solucionara. ¿No tardo casi nada en la conversación que sostuve con ella en la cocina cuando sentí una energía muy fuerte, y oí estas palabras, "No estoy yo aquí?" Y yo dije, "Si, madre mía yo sé que tú me oyes."

La reconciliación llego más rápido de lo que yo esperaba, y de una forma linda en la cual quede fascinada al ver con la rapidez que mi madrecita contesto mi petición. Todo ocurrió por un problema que se le presento a uno de ellos en viaje para reunirse el día de Navidad con sus hermanos. Yo no podía ir pues estaba con él flu, y les pedí que se reunieran, aunque yo no pudiera ir. Ellos viven lejos unos de otros, y Gregory el más joven de mis hijos, viajaba de Sarasota y no había manejado sesenta millas, cuando su auto tuvo problemas. Enseguida su hermano Carlos se preocupó, y se pusieron de acuerdo para recoger el auto, y continuar el viaje. No fue nada grave él problema del auto, pero ese hecho paso para que se unieran de nuevo preocupándose uno por él otro.

****

Mi "Chinita"

Anoche soñé con mi hija Sara. Ella siempre fue una niña muy tranquila, no lloraba apenas, y nunca molestaba. En el sueño ella aparecía como de dos meses de nacida. Yo me encontraba muy ocupada en una tarea y la tenía puesta en un lugarcito cerquita de mí. ¡Después, me vi cargándola, y acariciándola llamándole, "Mi chinita!" Ese fue el apodo que mi hermano Cristóbal le había llamado cariñosamente, ya que los ojos de la niña eran tipo achinados.

Hoy en la mañana pensando en lo que había sonado, a mi mente vienen pensamientos de cómo le podríamos ayudar para que ella pueda lograr su propósito en los planes que tiene de abrir una tienda de antigüedades.

A ella todo le ha ido bien en su vida, gracias a Dios. Tiene un esposo muy bueno y dos hijos maravillosos. Ha logrado una hermosa familia.

Hoy por la mañana Sara me llamo, y le conté el sueño, como yo la acariciaba y le decía, "Mi chinita," y me dijo, "Mami, así mismo yo he estado, con los ojos que parecía una china, y el rostro totalmente hinchado de tal manera que tuve que ir al dermatólogo. ¡Me puso tratamiento por una gran intoxicación!" Ellos estaban recién mudados en esa casa, y ella es muy meticulosa con sus bellos jardines, y ella, y su esposo se pusieron a cortar algunas ramas que se encontraban alrededor de la propiedad. Dentro de las malezas había ramas secas de hiedra venenosa que le provocaron esa intensa intoxicación. No me había dicho nada para no preocuparme.

Pero yo la nombraba en el sueño, "Chinita," y realmente según ella, se le había inflamado su rostro, y ojos de tal manera que casi no podía ver. Hasta sus brazos fueron afectados.

El sueño fue muestra por lo que mi hija estaba pasando en esos días.

****

En Los Pinares

Esto que voy a contar ocurrió hace un promedio de treinta años atrás.

Mi hija Sara, y su esposo habían comprado unas hectáreas de pinares a las afueras de la ciudad de West Palm Beach, Fl. Mandaron a desescombrar una hectárea, y contrataron a una compañía a fabricar su linda casa. Cada propiedad en esa área contenía gran terreno a sus alrededores, y cada casa bastante separada una de la otra, todas rodeadas por bella naturaleza. No hacía mucho tiempo que habían estrenado la casa, y mi esposo, y yo fuimos a pasar unos días con ellos.

Me gustaba la terraza porque era inmensa de grande, rodeada por un bello jardín con amplio terreno, y pinares. Un día me senté en ella y quedé como en forma de meditación, y pensé sobre él origen y misterio de aquel lugar tan solitario. Me preguntaba que había sido antes.

Entre para la sala y me senté debajo del ancho ventanal, cerré mis ojos, y vi la visión de un soldado, alto, trigueño, pelo bien negro y pie de patilla grande. Tenía puesto una coraza en su cuerpo, y un casco al estilo de soldados Romanos antiguos que se ven en las películas. Yo continúe mirándolo, y la visión no se apartaba de mi vista. Él estaba parado al lado de una puerta, como esperando a alguien, como un súbdito de un rey. Al entonces, vi salir de esa puerta un hombre bajito con una túnica, y una pieza azul sobre los hombros. También tenía una corona con esmeraldas incrustadas puesta, parecida a las ilustraciones que se ven en libros de los Reyes Magos. No supe nunca el significado, ni tampoco el de la otra ocasión cuando vi en visión a otro Rey. Ese tenía la corona diferente, y aparentaba ser mucho más importante. No sé quién era, pero lo vi con un súbdito Romano.

Tal vez nunca llegare a saber el porqué de esa visión, solo sé que no tengo ningún desajuste mental, gracias a Dios.

Solo Dios sabe por qué estas cosas suceden.

****

Mi Hija Sara

Recién pase dos semanas con mi hija Sara y su esposo, que presentemente residen en la ciudad de Palm Coast, Fl.

Desde hace algún tiempo estoy teniendo problemas con él apetito, y estoy totalmente desganada, y debido a eso me he estado sintiendo muy débil, y decaída. Mi hija me puso en un régimen de alimentación que parece tal como si estuviese en un hospital, rodeada de especialistas de la salud.

Yo me estaba sintiendo tan mal que la preocupación iba en aumento. Me empezó un dolor horrible, y muy raro, en una pierna distinto a otros que he padecido antes por causa de la artritis. Me sentía grave.

Aunque yo siempre digo que estoy lista para cuándo él Señor me llame, tuve una conversación muy profunda con Jesús. Pasado un rato oí estas palabras, "Ya todo paso, tranquila." ¡Después de esas palabras aquel dolor tan grande desapareció, y empecé a sentirme mejor!

Ya no estoy decaída como lo estaba, pero sigo aun inapetente. La doctora (mi hija) me cuida bien, y no me deja descansar, pues cada dos horas me da de comer, y beber proteínas de todas clases, alimentándome constantemente.

Jesús contesto con su bendición que él dolor inmenso desapareciera, y me dejo saber que todo había terminado! ¡Amén!

****

Milagro Con Alberto

Esto me ocurrió cuando mi hijo mayor Alberto, estaba en edad militar.

En ese tiempo estaban enviando jóvenes para la guerra a Vietnam como parte del servicio militar obligatorio. Llamaron para que mi hijo se presentara. Mi esposo desesperado, acudió a todos los lugares de interés para ver cómo podía evitar que nuestro hijo entrara al ejército, pero no pudo hacer nada. Lo único que yo podía hacer era orar, y pedir para que el no fuera reclutado. Día tras día yo me hincaba de rodillas, dos o tres veces al día, pidiendo a Dios por su ayuda.

En esos primeros tiempos de la guerra se oía que muchos de los que fueron a Vietnam habían muerto en el campo de batalla. En esa agonía, tanto mi esposo como yo, estábamos viviendo. Un día en la oración dije, "Señor, Tú conoces mi dolor, yo sé que no soy mejor que esas madres que han perdido a sus hijos en esta situación. ¡Padre mío, lo pongo en tus manos, y te lo entrego a ti, hágase tu voluntad!" Después de eso yo seguía orando, por supuesto, pero aquel dolor tan grande se fue yendo.

¡Un día en la concina vino a mi mente que solo faltaban unos días para que Alberto se presentara, y me dije, "Dios mío, como pude pasarme que me olvide!," y entre en pánico. Oí una voz que me dice, "¿Tú no lo pusiste en mis manos? ¿Qué paso?" ¡Yo conteste, "¡Perdón Señor, perdóname, confió en ti!"

Llego el día, y mi hijo fue a la cita con un grupo de

jóvenes. Las pruebas que le hicieron a él tuvieron que repetirlas porque no salían bien. Nosotros ansiosamente esperando su regreso.

Yo estaba en el portal cuando el regreso. Recuerdo que fue vestido con una camisa de mangas largas color crema, no lo puedo olvidar. ¡Cuando salí a alcanzarlo le pregunte, "Mi hijo, que paso!" Me miro, saco una tarjeta del bolsillo de la camisa, y me dice, "Mami, yo no puedo ir a la guerra porque soy sordo. Solo aquí en el país puedo servir, trabajando con los heridos en un hospital, así que no puedo ir al campo de batalla." Yo le dije, "Mi hijo, ¿quién tú crees que logro esto?" ¡El me contesto, "Yo se mami!"

¡Mi hijo jamás en su vida había tenido ningún problema de oídos!

¡Bendito sea el Santísimo Poder Divino! Amen.

****

Alberto

Hoy, conversando con mi hijo mayor Alberto, me conto algo referente a su salud, cosa que me estaba ocultando para no preocuparme. Me conto que no se estaba sintiendo bien, y que se estaba tratando con un doctor por serios problemas en la próstata. Lleva tratándose desde hace dos meses, y el tratamiento es algo doloroso. En ese momento yo recordé que hacía más de un mes atrás, cuando yo lo nombraba a él en mis oraciones, yo sentía como un temor por su salud.

Hoy cuando me hablo le dije, "Ponlo en las manos de Jesús, solo Dios. Confía en El, conversa con El, entrégaselo a Él." Cuando nos despedimos hable con Jesús, y la Virgen María, y al salir del cuarto donde hacia mis peticiones oí estas palabras, "No te asustes." ¡Ellos oyeron mi petición!

Los tratamientos que los doctores le estaban haciendo no fueron suficientes, y tuvo que tener una operación delicada, pero gracias al Señor fue un éxito. Quedo muy bien, se recuperó pronto, y pronto volvió a su trabajo. Esa fue la razón de las palabras que oí durante mis peticiones, "No te asustes."

¡Alabado sea El Señor!

****

Esto que voy a narrar me pasó con mi hijo más chiquito, Gregory. Él tendría unos ocho años de edad cuando empezó a salirle una erupción en todo el cuerpo. Sus piececitos estaban en carne viva, al igual que sus deditos. El doctor no hallaba cual era el motivo de ese problema, y empezó a buscar en libros de enfermedades de las Himalayas, y no encontraba la causa.

Yo me pasaba los días con mi hijo en su cuarto, cubriéndole su cuerpo con toda clase de ungüentos y medicinas. Y todos los días le lavaba, con agua caliente, la ropa de su cama, sus ropitas, y todas las cosas que lo rodeaban.

¡Una noche tuve una visión donde vi una mano extendida con un platico en ella, y oí estas palabras, "Todo lo que a él le gusta no puede comerlo!" El plato contenía una cuña de cake." ¡Al día siguiente le dije a mi esposo, "¡Viejo, ya se lo que tiene el niño, ya se va a curar!" Al niño le gustaba mucho los pasteles, y todos los días comía un pedazo de su favorito pastel de, Sara Lee, del cual yo siempre tenía en el refrigerador.

¡A la semana siguiente, se vio con rapidez su completa sanación! ¡Gracias al Señor por tantas bendiciones!

****

Me Falta Un Hijo

Al principio de los años 1960, estaba aquí en Miami haciendo preparaciones para mudarnos para el estado de California. Me encontraba en la cocina cuando al abrir el gabinete, baje la cabeza, y de repente sentí como si estuviese en otro lugar y me olvide de todo. Solo pensaba que me faltaba uno de los niños. Yo decía, "No Dios mío, yo solo tengo tres hijos; ¡Alberto, Sara y

Carlitos!" ¡Yo estaba preocupada pues me sentía anonadada, en verdad que sentía que me faltaba uno de mis hijos! Al fin aquello paso y volví en mí. Nos mudamos para California y después de algunos meses empecé a tener problemas de hemorragias. Fui al doctor, y cuál fue mi sorpresa cuando me dice que iba a tener un bebe. Yo me dije, "Este americano está loco. ¿Cómo voy a tener un bebe, así en estas condiciones de salud?" Pues así fue. Ese era el hijo que me decían que me faltaba, el que llego a ser Gregory Steven, el más pequeño de la familia.

Estaban claros cuando me dejaron saber que me faltaba un hijo. ¡Gracias Señor por tantas cosas lindas que has hecho en mi vida! Amen.

****

Un día yo estaba pidiéndole a la Virgen María por su ayuda para mi hijo Gregory, a que me lo acompañara en su viaje de regreso a la ciudad de St. Petersburg. Ya eran las 10:00 p.m., y yo estaba preocupada, pues, aunque él había dormido durante el día, la noche anterior no pudo dormir nada.

El camino de regreso era largo, pero él me dijo, "Mami, yo estoy seguro de que mejor me voy esta noche ya que el tráfico va a estar despejado. Si me diera sueño, yo paro en un "rest area", y descanso. Yo lo creí lógico, y así lo hizo. Yo le dije que no importaba la hora que fuera, pero cuando llegara me llamara, así estaría tranquila. Cuando salió, empecé a orar a la Virgen María. ¿Al terminar mi oración, oí esa voz que me dice, "¿Ese es mi hijo también," como si me dijera, de que te preocupas? ¡Yo me sentí tan feliz! El llego a su destinación perfectamente bien, hasta más temprano que lo esperado.

¡Gracias al poder del Todopoderoso, y María Santísima!

****

Mensaje de la Virgen María:

Este mensaje que recibí fue por un asunto que yo puse en sus manos referentes a un hijo.

El asunto más delicado no podía ser. Cuando él estaba en la Universidad, cayó en depresión, y empezó a beber cada día más y más. ¡Yo estaba desesperada!

Un día tuvo un problema bien serio, y yo, al ver que la situación se ponía peor, y no tenía respuesta a mis peticiones, me sentía defraudada y deshecha.

Ese día frente al espejo le dije a la virgen, "María, tú no has contestado mi petición. ¡Todo sigue igual, cada día es peor!" Yo sentía un gran dolor, y en el momento comenzó una voz interior a hablarme, y me dijo, "Todo tiene un proceso que se necesita para que el trabajo sea legítimo, es un medio de aprendizaje para aprender a crecer, prolongando la enseñanza para que la cura sea genuina. ¡Ten paciencia que todo se lograra, pero a su tiempo, no antes!"

Cuando yo oí toda esa conversación, sentí en mi alma una tranquilidad tan grande que no puedo explicarlo. Una seguridad, y confianza en Ella, que solo pasando ese momento se puede saber. ¡Gracias madre mía, gracias Virgencita!

Un mes después tuve una larga conversación con mi hijo, y sin que surgiera ninguna pregunta específica, todo se fue contestando de acuerdo con lo que la Virgen María me había dicho del porque mi petición no había sido contestada.

 Mi hijo comenzó a decirme, "Al pasar los años, las personas pueden ver claramente los errores cometidos en su vida, cosa que antes no podía ver. No entiende como ahora ve, entiende, y piensa. Si yo no hubiera hecho tal cosa, no hubiera pasado todo lo que he pasado. La experiencia de mis errores me lleva a decirte, que, si naciera de nuevo, seria todo tan distinto. Pero cuando te das cuenta, a veces es muy tarde. Aunque nunca es tarde para arreglar las cosas mal hechas, pero perdiste parte de tu vida." ¡Yo me emocioné al oírle y le dije, "¡Sigue adelante, no te detengas, estas yendo bien, yo te amo!"

¡Gracias madrecita, lo que él me dijo es exactamente la razón por la demora de la respuesta!

¡Gracias a la Virgen María, y al Cristo de la Misericordia, mi hijo se curó de la adicción al alcohol! La Virgencita logro cambiar la vida de él, y la mía, pues yo vivía con ese gran dolor.

¡Gracias Señor, y a Ella por esa bendición! Amen.

****

Diciembre 26, 1949 - Un Día Especial

Esto me sucedió en el año 1949, unos meses antes de mi matrimonio con mi esposo, Estefano. Él me había hablado de casarnos, pero no habíamos decidido en la fecha de la boda, pues pensábamos que fuera para fines de año.

Yo estaba sentada en la cama conversando con dos de mis hermanas, y al recostarme hacia atrás, vi en visión, una novia con su velo blanco la cual me dijo, "Oye, ya para el veinte y……de Diciembre." No pude oír el día claramente. Cuando el llego, me dijo, "Quiero que nos casemos en diciembre," pero aún no estábamos seguros del día especifico. Él me dijo, "El 24 no, y el 25 es Día de Pascuas. El día 28 es el día de los Santos Inocentes….

bueno, pongamos la fecha para el 26 de diciembre." Nos casamos el día 26 de diciembre de 1949, que coincidió con la aparición que tuve, y que me hablo de la posible fecha.

Gracias al Todo Poderoso, por haberme otorgado ese ser tan lindo como compañero por tantos años. Solamente nos faltaban cinco meses para cumplir 58 años de casados, más los tres que fuimos novios, cuando el Señor lo llamo.

Parece que lo necesitaba con El. Amen.

Mi Preparación

En el año 2003, mi esposo, y yo fuimos a un viaje a Denver para asistir a la graduación de mi hijo más chico, Gregory Steven. Él estudiaba en la Universidad en Denver y se graduaba de Doctor en Farmacia. Allí pasamos unos días maravillosos y nos llevó a muchos lugares incluyendo las montañas. Fue un viaje muy lindo. Cuando regresamos, mi hijo no regreso con nosotros ya que él iba para Hawaii.

A los pocos días de llegar a nuestra casa, tuve un sueño donde me decían, "Tú te vas a quedar sola, y cuando eso suceda, tú tienes que hacer todo por ti misma."

Yo era inútil en tomar decisiones por mí misma, pues mi esposo siempre fue muy responsable, y era el que tomaba todas las decisiones. Mi única tarea era cuidar a los niños lo cual me lo hizo saber cuándo llegamos a este país, y así se hizo. Yo siempre estaba pendiente de el para todo, y esa era la causa por la que en el sueño me dejaban saber que cuando él me faltara, me quedaba desvalida, ya que él siempre fue mi soporte, mi todo. Sin él, yo no era nadie. Nunca nos faltó nada, ni a mis hijos, ni a mí. Gracias a él que era tan serio, responsable y trabajador.

Con ese sueño me empezaron a preparar sobre lo que tenía que hacer cuando quedara sola. Me alertaron de

como tenía que hacer para moverme.
Me explicaron como yo podía ayudar a las otras
personas que se encontraban en mi situación. Paso por
paso, me fueron diciendo, y todo era religiosamente.

Paso el tiempo, mi esposo enfermo, y paso cuatro años
enfermo hasta que el Señor lo llamo. De ahí en adelante
empecé en mi lucha, gracias al Señor tengo unos hijos
muy buenos conmigo, pero mi esposo y yo, teníamos 58
años de casados, más los 3 de novios. Fue una vida
entera, y yo me sentía con un dolor inmenso, como si
parte de mi vida se hubiera ido. Empecé a aprender
cómo ir viviendo sin tenerlo a mi lado. Empecé a tratar
con personas que estaban en la misma situación que yo,
a enfocarme a ayudar a los demás, y a crecer
espiritualmente. Asistí en mi primer retiro por tres días,
y me hice miembro de la iglesia Católica porque el Señor
me llamo. Mejor dicho, me agarro de la mano
personalmente y me llevo. Amen.

****

El Abrazo

Ya hacia un tiempo que mi esposo había fallecido, y un
día hablando con mi hija Sara, le decía, "Niña, tú no
sabes cuánto yo diera por poder darle un abrazo a tu
padre, aunque sea en sueño. ¡Quisiera poder abrazarlo
y apretarlo en mi pecho!" No pasaron ni dos días

después de esa conversación cuando el Señor me lo concedió.

Tuve un sueño en el cual mi esposo, y yo veníamos por la misma vía, pero opuestos, yo iba y el venia. Al encontrarnos, el abrió sus brazos, e igual hice yo. ¡Nos dimos un abrazo tan fuerte, que, al despertar, yo quede totalmente satisfecha de haberlo visto y abrazarlo! ¡Sentí que el encuentro había sido real!

¡Doy gracias, mil gracias a Dios por ese encuentro con mi esposo!

Ya otras veces he tenido sueños parecidos, y siempre bien lindos. Amen.

****

Corto Tiempo

Hoy al amanecer desperté soñando con mi esposo Estefano. Él estaba en otro lugar y nos encontramos, pero él tenía que regresar, y no podía quedarse conmigo todavía.

Aunque era corto el tiempo que teníamos que esperar, sabíamos cerquita era la distancia, y bien cortico el tiempo, y con mucho amor nos despedimos. Éramos muy felices los dos, ya que era muy cortó el tiempo para reunirnos de nuevo, y esta vez seria para quedarnos juntos.

Doy gracias al Señor por permitirme estos encuentros con él. Lo que sentimos uno por el otro fue un amor muy tierno, y limpio. Amen.

****

Siempre Te Ayudare A Subir

Hoy en la mañana casi al levantarme, tuve un lindo sueño donde se encontraba mi esposo. Hace más de ocho años que mi esposo falleció. Este sueño era una réplica de uno que yo tuve cuándo el primero se enfermó.

En ese primer sueño nos encontrábamos en un campo muy fértil. Comenzamos a escalar una parte elevada, pero él se sentía cansado y sin fuerzas. ¡Yo lo ayudaba a subir, y le decía, "¡Dale, dale, dale, que tu si puedes, yo te ayudo a subir!"

¿Al fin, llegamos a la parte más alta, y yo le decía, "Ya tú ves que pudiste?"

En este otro sueño fue lo mismo, pero en reverso, yo era la del problema. Me sentía muy cansada, y no tenía fuerzas para seguir adelante, y tenía que subir a un lugar muy elevado. Él me decía, "Dale que tu si puedes. ¡Dale!" Él no estaba junto a mí empujándome, él se dejaba ver, y me hablaba, pero a una distancia de mí. Al fin logre subir esa altura con mil trabajos, y entonces me dijo, "Sigue, que yo más tarde vengo, y nos reunimos, pero ahora tengo que ver a alguien." Dijo un nombre del cual no me recuerdo.

Yo últimamente estoy presintiendo la cercanía a mi partida. Ya hablé con mis hijos este mes que estuve reunida con ellos referente a eso, y les dije lo que quiero que hagan conmigo cuándo llegue el momento. Le digo al Señor que estoy lista, cuándo Él quiera que me ayude a ser como Él manda. Quiero ser mejor cada día, y me de sabiduría.

Terminado el sueño al despertarme, me sentía algo raro. Me levanté y me medí él azúcar. ¡El monitor registraba 63 puntos solamente! ¡Si no despierto en esos momentos, no hubiera podido levantarme jamás! Amen.

****

Celebrando 90 Años

En la ocasión de la entrada a mis 90 años en Septiembre 2017, mis hijos me hicieron una celebración. El evento tomo lugar en el salón de un restaurante. Ahí se reunieron muchos de mis familiares, y todo quedo bien lindo. Inolvidable. Cuando todo termino, pude ver el amor de mis hijos hacia mí, y de todos mis familiares.

Después de ese evento sentí por un gran tiempo algo bien extraño. Me sentí como cuando presentaron al niño Jesús en el templo. Cuando Simeón bendijo a Dios diciéndole, "Ahora Señor, puedes, según tu palabra, dejar que tu siervo se vaya en paz. Porque han visto mis ojos tu salvación, la que has preparado a la vista de todos los pueblos. Luz para iluminar a los gentiles, y gloria de tu pueblo de Israel."

****

Testimonio Final:

Lástima que aún quedan tantas cosas por escribir y no quiero dejarlo de hacer, pues ya noto que mi pulso me falla y me tiembla la mano a veces. Ojalá que logre escribirlo todo antes que me ponga peor, pues ya entre en los noventa años.

3 MENSAJES

No intentes ser mejor que los demás, solamente trata de ser mejor que ayer. Ejercítate en parecer menos que los otros para que así puedas llegar a la verdadera humildad ante aquel que te pide que hagas solamente lo que El exige de ti, y dejar a los demás hacer lo que ellos quieren hacer.

****

Nunca te dejes llevar por las emociones. Trabaja siempre con tu corazón. Pide ayuda y se te dará, ponlo todo en manos del Señor.

Permítenos Señor ser compasivos, guerreros de Tu misericordia en la tierra para que Tu espada de justicia pueda ser transformada en un amoroso medio de misericordia. Amen.

****

Los que estamos llenos de amor de Dios debemos ser evangelizados, debemos tener cuidado de que no nos ataquen los celos ni divisiones. Solamente en unidad podemos vencer la bestia que nos está atacando.

****

El Señor te escogió para esto, hazlo todo en su nombre. Tú no necesitas nada, pues Él te lo ha dado todo y lo tienes a Él. ¿Verdad que lo tienes todo si lo tienes a Él? Si te pones en sus manos y te dejas guiar, pasaras a la historia entre los buenos, solo déjate llevar siguiendo sus ejemplos.

Tú no sabes a cuantas almas tú puedes ayudar que se encuentran como una tapa de corcho flotando, perdidas en el océano sin punto fijo. Si tienes oído, oye.

****

Hoy yo quiero expresar lo que siento, y puedo ver en la imagen de Nuestra Señora, del encuentro con Dios.

Madre mía, aunque yo sé que Tú lo sabes yo quiero expresarlo por mí misma. Yo puedo ver la ternura y orgullo que tu hijito muestra al mundo, enseñándoles, esta es mi madre. Como con sus tiernas manitas acariciando él torso de su madre María, como con su actitud nos la presenta diciéndonos: "he aquí a mi madre, que es la madre de todos ustedes, ámenla y acérquense a Ella, tengan fe y confianza en Ella que con su divino manto celestial los cubrirá. En los momentos más difíciles de sus vidas los cubrirá y los defenderá porque ustedes son sus hijos también, y así se acercarán más a mi Padre al igual que a mí, que siempre estaré con ustedes hasta el final de los días."

****

Palabras del Padre Pio

¿Alguien le pregunto un día, "Padre, como podemos distinguir la tentación del pecado?" El respondió, "Como tú distingues un asno de un ser razonable, en que él asno se deja guiar y él ser razonable tiene la rienda." ¿Pregunta, "Por qué la tentación una vez pasada deja una sensación de sufrimiento?" ¿A lo que él padre Pio contesto, "Usted ha sentido alguna vez los efectos de un temblor de tierra? ¿No es así? Pasado el temblor todo queda trastornado, y usted también."

****

Acaba de una vez con esas inútiles apreciaciones, acuérdate de que no es él sentimiento lo que constituye la culpa, sino que es él consentimiento. Solo la voluntad libre es capaz del bien o mal. Cuando la voluntad gime bajo la opresión, pero no se doblega a su sugerencia, no solo no hay culpa, sino que hay virtud para las almas que ama verdaderamente a Dios. Las tentaciones son pruebas que envía el Señor para darnos la ocasión de demostrar la sinceridad de nuestro amor.

****

La falta de fe y confianza amarran las manos de Dios para ayudarte. Es igual que si lo rechazas no permitiendo que se acerque a ti. Entrégate con todo tu corazón, confía en El y entrégate en sus manos, no importa, Él se encarga de todo. Él te da sus hombros para que te apoyes en ellos, y se encarga de todo. Pero eso sí, tienes que descansar completamente en El depositando toda tu confianza en El. Amen

Para castigar tiene El Señor la eternidad. ¡Ahora está prolongando él tiempo de la misericordia, pero ay de ellos si no reconocen este tiempo!

****

Habla Jesús

Hoy penetra en espíritu de mi pobreza, y organiza todo de tal modo, que los más pobres no tengan nada que envidiarte. No en los grandes palacios, ni en las suntuosas instalaciones, si no en él corazón humilde me complazco. Él alma pura tiene una potencia incalculable delante de Dios. Yo he venido para cumplir la voluntad de mi Padre, he sido obediente a los padres, obediente a los verdugos, soy obediente a los sacerdotes.

****

Yo estado meditando mucho acerca de algo que me ha llamado la atención grandemente. A veces nos entretenemos y nos alejamos un tiempo de orar como debiéramos, y cuándo se nos presenta un problema, enseguida comenzamos a orar y a desesperarnos. Queremos que nos conteste rápido nuestras peticiones como si fuéramos merecedores de esa gracia, sin esfuerzo alguno.

Pobre de nosotros, que lejos estamos de lo que realmente nos merecemos, si no fuera por la grandiosa misericordia de nuestro Señor, estuviéramos perdidos.

****

El crecimiento espiritual es algo que tiene que ser continuo, no puedes pensar que llegaste a la meta y que creciste lo suficiente porque no es así. Cada día se aprende algo nuevo, y cada día es un nuevo empezar. El día que pienses que lo sabes todo, que no necesitas adquirir más sabiduría porque ya lo dominas todo, pienso que ese es el final, pues él crecimiento espiritual un continuo empezar. Amen.

****

Qué triste es ver como algunos jóvenes se destruyen por rebeldía. Lo mismo muchachos que muchachas que han sido bendecidos por Dios con una linda presencia, ojos lindos, nariz perfecta, piel sana y bonita. Vemos como muchos   se hacen operaciones para arreglarse algunos defectos porque han sufrido por sus imperfecciones, y es triste ver como tantos quieren destruir su imagen, haciendo cuantas cosas se les ocurre en sus cuerpos, todo para aparecer diferente a los demás. Muchos caen tan bajos y llegan a tener una presencia tan espantosa, todo con él objetivo de llamar la atención y ser diferentes.

¡Qué lejos están del camino correcto! Deben pensar que son como son, porque Dios lo quiso así. Él quiere que ustedes sean triunfadores porque El los ayuda a vencer todas las batallas, cosa que deben siempre tener en sus mentes porque en verdad así es. Siempre dar gracias, y tratar de hacer las cosas bien hechas por su propio bien. Aprovechen lo que él universo les ofrece, no lo desperdicien, desechen todas esas cosas que los hace pensar de esa manera y verán que van a sentir que empiezan a vivir de nuevo, como si hubieran nacido otra vez.

Es tan importante que los jóvenes ocupen su tiempo libre con tareas que sean edificantes, como aprender a tocar un instrumento musical, practicar un deporte, cantar, danzar, etc. Eso los ayudara a liberar la tensión, y a extender el alma, y él espíritu con alegría.

Segura estoy que un cambio total va a surgir cuándo sientan su autoestima en alto, como tiene que ser, se van a sentir como guerreros que han podido vencer la batalla en la que se encontraban. ¡Algo muy importante es la selección de las amistades, el que no tenga claro eso puede dejarse llevar por malas influencias que los pueden conducir a la perdida de la voluntad, hasta para vivir!

No podemos dejarnos atrapar por cosas semejantes. Dios nos ha dado la facultad de pensar y trabajar sobre eso sin que afecte a nadie. Dios nos libera para que podamos ver las cosas lindas del universo y ser libres de toda clase de esclavitud y negatividad. Amen.

****

Hace unos días atrás me paso algo que yo no pensaba escribir en mi diario, pero fui mandada hacerlo. Tengo en un folleto la imagen del Corazón de Jesús donde dice, "llamada de emergencia al Sagrado Corazón de Jesús," cosa que muy a menudo lo veo al abrir uno de mis libros. Ese día cuándo lo vi, pensé interiormente y me dije,

"Gracias Señor que no tengo ninguna llamada de emergencia." y me respondieron, "¡Si, hazlo por la Casa Blanca!" ¡Me erice toda!

¡Misericordia Señor por ellos!

****

Estos son recuerdos de eventos que pasaron en mi vida hace muchos años. Ahora vienen a mi mente, pues me han dejado saber de quienes vino el milagro.

En ese tiempo no me daba cuenta, ni comprendía el porqué de las cosas que estaban ocurriendo. Una fue mi operación de cáncer en un seno, y la otra fue una gran calumnia, que por la duración de tres años ciertas personas levantaron contra mi familia. ¡Yo oraba por justicia!

¡Cuando pude ver la obra que Jesús, y la Virgen María habían hecho para ponernos en el lugar al cual pudimos llegar, defendiéndonos del enemigo yo jamás tendré suficientes palabras para dar gracias por tantas maravillas que hicieron por mí, y mi familia!

¡Ellos pusieron todo a la luz, y los culpables pagaron con creces! ¡Pero yo los perdone con todo mi corazón, porque yo sé que ellos fueron tomados por el enemigo para habernos hecho tan gran mal!

¡Yo me entregue con todo mi corazón a Jesús y a la Virgen María!

****

Madre Naturaleza

Cuando ya está amaneciendo, asomada en mi ventana, me gusta ver la alborada y los rayitos del sol. Verlos como resplandecen y sobre las aguas se mecen.

Parece que están danzando sobre las aguas del lago, como un espejo repiten la armonía de colores que desde la orilla dejan como arcoíris brillar, e impresionante esplendor imposible de describir tanta belleza allí juntas.

Las aves volando pasan como si guardianes fueran custodiando ese lugar. Horas y horas enteras volando sin descansar, y podemos comprobar, que sin hablarnos nos dicen, "Por favor, seamos felices."

Demoños las manos todos, y unidos lo lograremos ya verán que, si podemos derrotar la destrucción que a nuestro planeta aterra, y está a punto de perecer. Por esa misma razón en un solo corazón todos podemos gritar, "Aquí estamos madre tierra."

¡Lo diremos con certeza, juntos vamos a salvar a Madre Naturaleza!'

****

Nos pide nuestro Señor, y a su petición se aferra, que seamos la sal y la luz de la tierra.

Que con su fuerza penetre en todo lugar, para que al mundo enseñemos, que si seguimos sus pasos todos se pueden salvar.

Iluminando él sendero con su luz Él nos enseña, que al ciego podamos guiar. Y que lo que antes fuimos no se vuelva a repetir, y así podamos entrar sus hijos en su redil.

Somos la sal y la luz de la tierra, sin dudar, pero no lo podemos guardar sin que a nadie esa luz pueda alumbrar.

Y de la sal, él sabor al mundo podemos dar, pues de nada serviría si lo escondes en un cofre.

¡Ábrete al mundo y enseña lo que a ti te han enseñado, y entonces veras los frutos cuándo hayamos terminado!

****

Abre tus brazos al hermano que llega. Nunca desprecies su aspecto o color. Bríndale él calor que ellos necesitan, hazle como a ti te hicieron ayer.

Tú no eres mejor por primero llegar. Extiende tus

manos, enséñale amor, pues si así hiciéramos todos, este mundo sería mejor.

No juzgues a tu hermano, pues al final él Ser Supremo es quien se va a encargar.

No juzgues a nadie mejor, con amor déjate sentir, pues con la misma vara te van a medir.

Caminemos juntos, reguemos la semilla de valor, amor y hermandad.

Caminemos juntos, y al caminar, iremos enseñando lo que unidos todos podemos lograr.

Unidos venceremos, y al fin encontraremos la verdad, amor, unión, patria, justicia y libertad.

****

Les pido a todos hermanos, que mantengamos la calma, y que sigamos la luz de ese brillo refulgente que nos alumbra el camino para seguir cabalgando, para mantener el lugar que Jesús está enseñando.

Recuerda siempre la meta donde vamos a llegar. No le podemos fallar. La misión es de valientes, pues batalla encontraremos, y por ninguna condición nos dejemos entregar.

¡Seguiremos luchando hasta el minuto final! El Espíritu

Santo junto a Jesús, y la Virgen María, nos promete que, con sus brazos abiertos, esperándonos están.

****

Libres Somos En Cristo

Sin patria, sin bandera, más con honor libres somos en Cristo, nuestro Señor.

Emigrantes todos debemos ser. Si queremos ser libres, rindámonos a Él. "Sígueme y veras!" Él dice a sus hijos. "Deja lo que tienes, sigue al Señor. Fuente de agua viva en mi hallaras, y si mi camino guardas vida eterna tendrás."

Emigrantes somos sin patria, sin bandera. No tenemos el suelo que nos vio nacer, más de fiesta estamos sin temor, ni dudas, sabiendo que encontramos en Cristo la tan ansiada libertad.

Hoy estamos aquí en estas tierras como aves de paso. Tal vez mañana volvamos a volar a otras tierras extrañas sin calor ni abrigo, pero en nuestras mentes esta nuestra meta, firmamos un contrato. El evangelio de Cristo tenemos que llevar.

****

"¿Dónde están los que se han ido?" Me pregunto, si es verdad que algún día puedan regresar.

Yo quisiera saber. ¿Tengo entendido, y dudo que nadie me pueda contestar, si es mejor ese lugar en el que estamos, cual es la razón?

¿Porque lloramos cuando alguien que queremos se tiene que marchar?

¿Porque sufrimos tanto cuando enfermamos pensando que se acerca nuestro final?

No nos preocupemos tanto cuando envejecemos, gracias tenemos que dar, pues envejecer es señal que de nuestra juventud pudimos disfrutar.

Aunque una cosa si les puedo asegurar, que por más que luchemos, para semilla no nos vamos a quedar.

****

Somos Visitantes

Somos visitantes de este mundo y nos queremos apropiar de él. Cuando nos llegue el tiempo que tenemos que irnos, nadie voluntariamente lo quiere hacer.

Tenemos que darles espacio a los otros que lleguen, hay que pensar en los demás. Si no nos fuéramos yendo, no cupieran aquellos que vienen detrás.

La lógica nos dice que al menos que otro mundo

apareciera, estas reglas se pudieran cambiar.

Pero gracias tenemos que dar a ese Ser Supremo que es nuestro Dios, porque larga, o corta estancia en este planeta, con tanto amor, nos regaló.

****

La Vida Eterna

Si tú pensabas que la vida se acaba cuando te vayas tú, así no pienses, saca eso de tu mente. La vida sigue y sigue porque la vida no tiene fin.

Aquí donde ahora estamos solo de paso vamos, hasta que el tiempo llegue y que todos tengamos que regresar.

En solo un instante haremos un "transfer" para otro lugar. Esa es la vida eterna, y en un abrir y cerrar de ojos, sin darnos cuenta nos vamos allí con ella a encontrar.

No habrá más lágrimas, ni pena, ni dolor. No tengamos miedo, ni ningún temor. Resplandeciente sol entre jardines, ángeles y paz que no imaginamos, para sus hijos en ese universo nuestra eterna mansión, preparada nos tiene El Señor.

****

Hoy estoy tratando de poner en orden mis

pensamientos. Vienen tantos a mi mente que a veces no sé si es que mi corazón está dolido por tantas injusticias que se presentan en el mundo, y cada día son mayores. Parece como si el planeta tierra se estuviera estrechando, y necesitaba expulsar a sus habitantes pues ya no hay más lugar para ellos. Tristemente, aunque duela, así es.

Tantas almas desesperadas en el mundo sin rumbo fijo, y tantos inocentes que no tienen culpa ni saben el porqué de las cosas, pues no entienden. Sus mentes no pueden entender, esas pequeñas criaturas son las que verdaderamente pagan las consecuencias de las actuaciones de los mayores.

Que Dios Todopoderoso se apiade y que su misericordia infinita los proteja, y que su luz penetre en la mente y corazón de todos esos que en sus manos está la solución de todos esos problemas. Amen.

En la vida hay instantes, momentos del conocimiento interior, iluminaciones divinas, cuando el alma es instruida interiormente sobre las cosas que no hemos leído en ningún libro y nadie nos ha enseñado. Estos son momentos de los conocimientos interiores que Dios le concede al alma, se trata de grandes misterios.

****

¡Qué fácil nos dejamos llevar por los problemas, y nos

dejamos caer por los tropiezos, y obstáculos que se presentan en nuestras vidas! De cualquier cosa permitimos que se forme una tormenta, y nos dejamos ahogar en un poquito de agua.

Pensamos que tenemos fe y no dejamos de orar y pedir ayuda para nuestros problemas, y nos desesperamos porque sentimos que esa ayuda no llega. ¡Pero que poco entendemos! Que poca paciencia para ponernos frente a la cruz que todos tenemos que llevar, cada uno en su forma. Si nos ponemos solamente por un momento en el lugar de la Virgen María, cuando sufrió todo ese calvario, mirando a su hijo pasando por la agonía, la cual se dispuso El pasar por todos nosotros. ¡Estoy segura de que el corazón de esa madre sangraba de dolor mirando el sufrimiento de su hijo aun siendo inocente pasando por toda clase de atrocidades más ser crucificado!

¡Qué poquita cosa somos! Por todo eso ella tuvo que pasar, como ejemplo para todos nosotros debiéramos tomarlo. Aprendamos de Ella. ¿Quiénes somos nosotros para no enfrentarnos a situaciones semejantes? No nos alcanza todo el tiempo de nuestra existencia para dar gracias por todas las bendiciones recibidas.

Aprendamos a ser fuertes en el martirio, y les aseguro que toda pena y tristeza que puedan presentarse en nuestras vidas, no son comparables con la riqueza, y bendiciones que nos tiene preparada para todos aquellos que mantengan firmes sus pisadas al lado de nuestro Señor, Creador, y Redentor nuestro. Amen.

La falta de fe y de confianza amarran las manos de Dios para poder ayudarte, pues El respeta tu decisión.

Es igual si lo rechazas, no permitiendo que se acerque a ti. Entrégate a sus manos con todo tu corazón. Confía en El. ¡No importa lo que hayas sido! Él se encarga de ti, y pone sus hombros para que te apoyes en ellos. ¡Él se encarga de ti, pero eso sí, tienes que descansar completamente en El, poniendo tu fe y esperanza totalmente en nuestro Señor!

****

Una vez yo oí estas palabras, "¿En este concierto, que numero tú tocas?" Yo conteste, "En el que tú digas, donde tú me pongas Señor." El nuevamente me dijo, "Suena interesante, estoy contigo."

Al poco tiempo me di cuenta el porqué. Yo había conocido a una señora y a su hija, las cuales estaban desesperadas ya que tenían que mudarse de emergencia, y las llaves del nuevo lugar no se las entregaban hasta cuatro días después. Aunque la conocía solo poco tiempo, supe que era una señora decente, y buena.

Un día, nos encontramos en la reunión de voluntarias para personas que han perdido seres queridos, y sentí mucha lastima por la situación en la cual ellas se encontraban. Les dije que podían quedarse en mi casa por el tiempo necesario hasta que le entregaran su casa. ¡En ese momento vi la sombra de Jesús entre ella y yo!

¡Unos días después de yo haber hecho la obra que cuento, oí estas palabras, "Contestaste mi pregunta!"

****

Hoy después de hacer las oraciones hice una pregunta a Jesús como hago muchas veces.

Yo me paro frente a sus imágenes y converso con El, y la Virgen María. A veces me rio con mi conversación, pues siento tal como si El estuviera en persona frente de mí. Le pregunte si en verdad yo estoy haciendo lo que el exige de mí. Le dije, "Contéstame si, o no."

Al rato abrí un libro y empecé a leer las siguientes palabras, "Hija mía se siempre atenta en el silencio, ofrécete al Padre, envuélvete en mis méritos, implora el amor del Espíritu Santo, y abandónate sin mirar atrás como lo hice yo en el Gólgota. Dirígete con frecuencia a mi sensibilidad. Muchos me tienen por indiferente y dejado, pero soy sensible estoy más cerca de vosotros que vosotros mismos. Todo lo que me dices con cariño me encanta, y me haces las delicias de mi corazón. Cree en esto y vendrás a mí con más frecuencia, aunque no me ves, pero creyendo con esta fe segura atesoras méritos para ti misma, y para los demás. Una mirada, una sonrisa interior es mucho para mí, para ti misma, y para los demás. Es tan fácil dirigirse a mi como único don. Yo acepto tomar el papel de un mendigo que aguarda y a quien tú amas, más tarde se volverá las ternas y seré yo quien te dará, y tú volverás a encontrar tus dones en los míos." Amen.

****

Inspiraciones En Jesús

Esfuérzate en no ser como una planta amarga que contamina a todas las que tiene a su lado. Nunca seas pie de tropiezo para tu hermano. Recuerda que debes ser luminaria para el mundo, para que tu luz a ellos penetre a través de toda duda, obstáculos, y dolores.

Trata siempre de proyectarte menos que los demás para que tu humildad sea visible a todos, pues así te es más fácil comprenderlos. Míralos con los ojos de tu alma para que tu amor sea genuino. No te guardes, tú no sabes que grandes cosas y misterios de amor tú puedes hacer a todas esas almas que tanto te necesitan.
No juzgues para que no seas juzgado. ¡Quita tu vista de

esa alma que tú crees que no hace lo que tú crees que debe hacer, tal vez, eres tú quien está cometiendo una injusticia!

Yo solo te doy la luz, queda de ti si la recibes o no.

El Señor necesita tus manos para ayudar a otros, pues es El quien pide tus manos.

Él siempre está atento a tus plegarias porque ellas suben al cielo, y el Señor te oye siempre. Siempre recuerda que El también necesita tu ayuda para que todo se manifieste según su plan, y trabajando unidos más fácilmente puede lograr Su propósito.

Recuerda que siempre debemos ser como un hospital en el campo de batalla para estar preparados para la primera emergencia que aparezca. Amen.

****

¡Es difícil salir de una tentación pecaminosa, huir es la forma de liberarte!

¡Suplica, suplica, y huye! ¡No mires atrás! ¡No tengas miedo pues el miedo no es un buen consejero! Contempla a Jesús cuando regreso a la barca en el mar borrascoso, todos se maravillaron.

¡Nunca mires hacia atrás, no dejes que te ataque el miedo, se fuerte, no mires atrás por nada! Sigue adelante pero siempre con El de la mano. Amen.

****

E oído, o, mejor dicho, he aprendido, que la mayor fuerza esta oculta en la paciencia, y veo que la paciencia siempre conduce a la victoria, aunque no inmediatamente, pues a veces la victoria se manifiesta después de años. La paciencia va unida a la mansedumbre.

Brille nuestra luz ante los hombres. Amen.

****

En vano seria nuestra lucha si no permitimos que penetre la Luz en nosotros mismos para que así podamos guiar al ciego. Luego, con la ausencia de la oscuridad en ellos logremos ser luminarias para el mundo.

Enseñemos nuestra Luz, no podemos esconderla, para que al mundo enseñemos que, si seguimos sus pasos, se salvara el mundo entero.

****

Son muchos los enfermos y escasean los médicos, tenemos que aligerar nuestros pasos para que así se nos haga más corta la carrera, y no sea demasiado tarde para la cura. ¡El que tiene oídos que oiga!

****

¡Hijo mío, no rechaces lo que a gritos pide tu corazón, y solo por no dar tu brazo a torcer, te lo callas, y dejas escapar la paz, y abundantes bendiciones que pudieras recibir con solo decir que si, que me recibes en tu corazón!

Recuerda que yo siempre estaré aquí esperándote con mis brazos abiertos en el momento que tú decidas, pero te recuerdo, ¡No esperes que sea demasiado tarde!

****

Me complazco y derramo mis bendiciones sobre todos ustedes, hijos míos, por la fidelidad que ofrecen a mi Hijo. El escucha sus peticiones.

Manténganse firmes en el Señor, pase lo que pase, que ni tormentas ni tempestades puedan moverlos.

El siempre estará a su lado.

****

Que no se espante mi rebaño, que no se escandalice, pues nada ocurre si no hay un propósito. Manténganse firmes en el Señor. Oren mucho los unos por los otros, es necesario limpiar, y poner en orden la casa de mi Padre.

¡El que tenga oídos que oiga!

****

Tenemos que aprender a depositar nuestra confianza plena en el Señor, y así aprendemos que cuando pongamos en sus manos algún problema que se nos presente, tenemos que entregarlo totalmente a Él, y olvidarnos del problema, porque lo pusimos en las manos que pueden hacer lo correcto, según su voluntad. ¡Pero eso sí, aceptar con alegría cualquier cosa que El haya decidido!

Recuerda que en la fe esta la confianza, y después viene la victoria. Nosotros podemos caminar sobre las aguas, y llegar a la orilla sin que nos hundamos. Si tuviéramos fe suficiente, y confianza, que es lo opuesto a la desesperación la cual le ofende grandemente. Pues desesperación es desconfianza en El.

"¡Recuerden que los amo y a mis pequeños los cuido, y por ellos cuelgo el látigo en la sacristía para no hacerles daño, los amo, los amo!"

****

Ningún arrepentimiento que no abre una reforma es genuino.

La justicia de Cristo no es un manto para cubrir pecados

que no han sido confesados. Es un principio de vida que transforma el carácter y rige la conducta. La santidad es integridad para Dios, es la entrega total del corazón y la vida para que revelen los principios del cielo.

****

Oigamos Siempre Con Mucha Atención La Voz Interior

Tratemos por todos los medios de evadir a las personas negativas. Cuando una conversación empieza a ponerse con la negatividad e inseguridad, cambia o sal de ella, y si es con una persona que tú aprecias en verdad no sabes el daño que le haces al seguir la corriente. Es mal para esa persona, y peor para ti.

Uno tiene que ser inteligente en esas cosas y pensar espiritualmente, y te darás cuenta quien está poniendo la candela para verlas incendiarse. Tenemos que pensar que ese es su trabajo, y si uno no se da cuenta, nos entregamos mansamente en sus manos. Siempre evita conversar con alguien que tenga ese problema.

Mantengámonos firmes y confiados, pongamos en las manos de aquel que todo lo puede, y aceptemos todo cuanto nos llegue, sea bueno, o malo.

Muchas veces dificultades, y problemas se nos presentan, y algunas veces son pruebas para medir nuestra fidelidad, pero Él puede cambiar cualquier dificultad en un instante por lo opuesto, para nuestro bien.

¡Confiemos! ¡No duden! ¡Él es nuestro Rey!

****

No pueden separarse del mundo porque en el viven, pero mantengan en sus mentes que no pueden abandonar lo más importante, por hacer lo otro.

No se afanen por las cosas de este mundo que con tanto afán persiguen. Recuerden que todo es temporal. Hay que alimentar la semilla que con tanto amor rego en ustedes nuestro Padre, para que, con nuestros ejemplos, y enseñanzas, podamos lograr una gran cosecha.

¡El que tiene oído que oiga!

****

Las Siguientes Son Palabras De Jesús A Santa María Faustina

"Apóstol de mi misericordia insondable, no te desanimes por los obstáculos que encuentres proclamando mi misericordia. Esos obstáculos que te hieren tan dolorosamente son necesarios para tu santificación, y para demostrar que esta obra es mía. Hija mía, se diligente en apuntar cada frase que te digo sobre mi misericordia porque están destinadas para un gran número de almas que sacaran provecho de ellas.

Que las almas grandes pecadoras pongan su confianza en mí misericordia, ellas más que nadie tiene derecho a confiar en mi misericordia. Hija mía, escribe mi misericordia para las almas afligidas. Me deleitan las almas que recurren a mi misericordia, a estas almas les concedo GRACIAS por encima de lo que piden."

"Yo no premio por el éxito en el trabajo, sino por el sufrimiento. El director de las almas es Jesús mismo directamente, mientras que indirectamente los guío por medio de los sacerdotes, y conduzco a cada uno a la santidad por el camino que conozco solamente yo."

****

"Aléjate de los murmuradores como de una peste. Que todos se comporten como ellos quieren, tu compórtate como Yo exijo de ti.

Observa las reglas con máxima fidelidad después de sufrir un disgusto y piensa que cosas buenas podrías hacer para las personas que te han hecho sufrir."

****

"¿Por quién me tomas? ¿Qué es lo que piensas de mí? Aquí estoy para amarte y disculparte, es mi misericordia la que beatifica a los santos, repara, modifícate, porque tu naturaleza es doble; ¡una está de vacaciones y la otra goza de permiso! "¿No es así?"

"Ten dominio sobre ti misma por amor a mí, y el amor te ayudara."

****

"**P**ermanece en el sentimiento de que nada eres sin mí. ¿Qué podrías tu escribir si yo no te dictara?

Yo tengo todavía caminos que recorrer sobre la tierra, mensajes que trasmitir. Otros se valen de las ondas, y yo me sirvo de una pequeña alma creada a mi imagen y semejanza y el amor nos liga."

****

"**H**oy yo te voy diciendo, y tú vas a empezar a escribir, y te dejare saber cómo una vida plena y una salud buena empezaras a vivir:

Limpiaras tu casa de odios, envidias y celos, rencores y malicias. Te entregaras por entero al verdadero amor. Siempre de tu prójimo tendrás compasión, y a los enfermos consolaras. La sonrisa limpia y cristalina siempre en tus labios habrás de llevar.

¡Si tu hermano cayera, no critiques, ayúdalo a levantar y yo le dejare saber que cuantas veces caiga, si él se arrepiente, yo lo ayudare a levantar!"

****

"¿Hija mía, porque te importan tanto las enseñanzas de los hombres? Quiero instruirte yo mismo. Por eso dispongo las circunstancias de modo que no puedas asistir a esas conferencias."

"En un solo instante te hare conocer más de lo que los demás alcancen esforzándose por muchos años."

"Hoy penetra en espíritu de mi pobreza, y organiza todo de tal modo que los más pobres no tengan nada que envidiarte. No en los grandes palacios ni en las suntuosas instalaciones, si no en él corazón humilde me complazco. Él alma pura tiene una potencia incalculable delante de Dios. Yo he venido para cumplir la voluntad de mi Padre, he sido obediente a los padres, obediente a los verdugos, soy obediente a los sacerdotes."

****

Reponer la espada, ponla en su lugar.

¿La ofrenda es mayor porque tienes miedo y tiemblas cuándo estas unida a mí? No me agrada él alma que se deja llevar por inútiles temores.

¿Quién se atreve tocarte cuándo estás conmigo? Él alma más querida para mi es la que cree fuertemente en mi bondad y la que me tiene confianza plenamente; le ofrezco confianza y le doy todo lo que me pide.

"Que dulce para mi es ese 'buenos días,' que me dan al amanecer, y a media noche me saludan, ¿y no se sienten contentos cuando pueden ofrecerme alguna cosa? Al amor se les gusta servir."

"Ahora quisiera saber si puedo expresarles un deseo, ¿me oyen?"

"Quiero que lleguen a ver habitualmente a su prójimo como si fuera yo, y que me vean en todos los acontecimientos del día. Que en todo momento piensen en su Salvador. Háganlo ahora, como si estuvieran conmemorando los últimos 15 días de mi vida con la mayor ternura que les sea posible."

"Con esto sus relaciones con el prójimo sufrirá un cambio que les va a encantar."

****

"En el pequeño racimo elegido tu uva es la más dulce, deseo que el jugo que circula en ti se trasmita a otras almas."

****

"Amigo no es el que quita lagrimas con el pañuelo, es el que mueve cielo y tierra para evitarlo, para ver cómo puede evitarte el dolor.

Concedemos demasiada importancia a las cosas de la tierra, y no lo suficiente a las cosas del cielo, porque la tierra es meramente accidental, y no dura para siempre. Tú no fuiste hecho para la tierra, ella no es para ti, sino un pasaje rápido. Considera pues, en todas tus acciones, la eternidad."

****

Cotización De Santa María Faustina

"Ni gracias, ni revelaciones, éxtasis, ni ningún otro don concedido al alma la hace perfecta, si no la comunión interior con Dios. Estos dones son solamente un adorno del alma, pero no constituyen ni la sustancia ni la perfección.

Mi santidad y perfección consisten en una estrecha unión de mi voluntad con Dios. Con su voluntad El nunca violenta nuestro libre albedrio.

De nosotros depende si queremos recibir la gracia de Dios o no. Si vamos a colaborar con ella o no."

****

Lo que siempre debemos tener presente como cristianos, es pedir al Señor para mantener la unión entre todos sus hijos, no importa de donde vengan.

Debemos saber que con su ayuda podemos nosotros derramar ese amor al mundo que tanto lo necesita. Así el fuego del amor apaga el incendio del odio, las guerras, el egoísmo, y el yo, que tanto daño hace al ser humano.

Estoy convencida que si así hiciéramos podríamos lograr lo que tanto nos pide nuestro Señor, pero por supuesto, no todos oyen. Por eso no se ha logrado lo que tan fácil se podría lograr el darnos las manos y luchar hasta conseguir la unión entre todos los cristianos.

Luchando juntos, estoy segura de que si lo lograremos. Amen.

****

¿Porque se escandalizan por lo que sucede? ¡Vendrán tiempos que estremecerán al mundo y todavía no es el fin!

¡Aprovechen el tiempo, despierten de ese sueño en el que se mantienen inertes sin hacer nada para que se preparen, y no los encuentren desprevenidos!

¡Dejémonos sentir como una antorcha encendida en medio de la oscuridad!

****

No nos podemos desesperar, ni pensar que se nos une el cielo con la tierra, por muy grande y grave que nos parezcan las cosas, porque nos hacemos daño nosotros mismos y a aquellos que tenemos al lado.

Detengámonos a pensar. Seamos firmes en nuestra fe y nuestras oraciones. Siempre recuerden que tenemos que recibir la cruz, venga de donde venga. Él nos ayudara a cargarla, aunque a veces no nos demos cuenta cuando estamos luchando con lo que nos agobia, pero después Él nos deja saber de dónde la ayuda llego.

Nunca culpemos a nadie, no pongamos el dedo acusatorio, las cosas ocurren porque tienen que ocurrir, seamos fuertes en las buenas y en las malas.

¡Oremos con fuerza y fe, no nos cansemos! ¡Oremos, oremos!

****

No te aflijas si El Señor no contesta tu pedido inmediatamente. Él quiere que tu pena sirva para tu propio bien, para que comprendas el valor que significa después de la pena sufrida, la sanación de nuestro Padre.

"Apoya tu cabeza sobre mi pecho y descansa, te daré una pequeña parte de mi pasión, pero no tengas miedo, sino que seas valiente. No busques alivio, sino acepta todo con sumisión a mi voluntad, y así te será mucho más fácil la lucha en aquello que te ha tocado vivir."

Palabras de nuestro Señor. Amen.

****

Nunca sientas pena de ti misma, no sientas que alguien te humilla o que te ponen a un lado.

La vida es parecida a una escalera. Unas veces estamos en los escalones más altos, otros más bajos. Altos y bajos sucesivamente hasta llegar al último escalón, y en el más alto esta quien nos dirige, y decide que escalón toca a cada cual.

No nos desesperemos, sigamos. Hagamos todo lo que esté a nuestro alcance para ser mejores cada día. ¡Aceptemos todo cuanto nos llega, sea bueno o sea malo, así es la vida!

No pensemos que todo puede ser como nosotros planeamos. Lo que a nosotros nos parece lo mejor tal vez no es así para el Señor, y quiere algo mejor. Demos gracias por lo que tenemos, y no nos desesperemos por lo que no tenemos.

De nosotros no es nunca la última palabra, es de Él.

****

Palabras De La Virgen María

"Si no penetra la luz de Dios en vuestras almas no

podemos conocer el abismo hacia donde nos encaminamos. Orad, orad, y poner en práctica la palabra. Ayudad al que lo necesita, así a los justos se les exigirá más que a los injustos. Los amos, y recordad que soy la guardiana de la Fe. El Espíritu Divino a derramado la gracia de vuestras lenguas, recordad hijos el día del pentecostés, os amo mucho."

"No temáis porque el reino está cerca, no permitáis que satanás penetre en el corazón que ama a Dios."

****

Palabras De Jesús

"**N**o se resistan a pasar por las pruebas, es posible que yo las necesite para la salvación de un pecador, más tarde veras todo lo bueno que ha salido de tu sufrimiento para ti misma y para los demás."

"Recuerden que el alma obediente se llena de la fuerza de Dios. Cuando eres obediente te quito la debilidad y te doy mi fortaleza. El Señor les da el instrumento, les toca a ustedes utilizarlo."

"Ten confianza. ¿Sabes? La confianza está directamente opuesta a la desesperación que me deshonra. Nunca te excederás en ella."

****

Tenemos que saber y estar seguros, que cuantos más problemas se nos presenten en nuestras vidas tenemos que saber que Dios cambia las cosas en un instante, de lo mal, a lo opuesto.

No podemos preocuparnos qué comeremos, o que beberemos mañana, porque siempre llega la solución. Solo trata de hacer las cosas mejor cada día, no envidies, no odies. No mires a los demás como diferentes, míralos como si en los ojos de ellos vieras a Jesús Cristo, así el pide que hagamos.

Créalo o no, El sí que está pendiente de cada paso que sus hijos dan. No nos podemos esconder de Él, porque Él está con nosotros.

****

Odio, rencor, soberbia, envidia, avaricia, vanidad y egoísmo, son enfermedades que tocan en todas las puertas, y si las encuentra abiertas, destruyen la humanidad.

****

Estén atentos y despiertos porque nadie sabe el momento cuando nos puede llegar. Estamos en este lugar prestados, y tenemos que decidir el camino a seguir.

Pidamos fuerzas para seguir adelante, sin doblar en las esquinas, pues si seguimos el camino recto, podemos estar seguros de quien nos dirige y con quien estamos caminando.

Él nos enseña para que libremente podamos seguir sus pisadas, sujetándonos siempre para que nos apoyemos en sus hombros sin temor alguno. Así podamos vencer todos los miedos y dificultades que puedan aparecer en nuestras vidas, y seamos los triunfadores que todos deseamos ser algún día. Amen.

****

Mensajes De Santa Teresa

"Que nadie te turbe, que nadie te espante, quien a Dios tiene, nada le falta. Estando al servicio de los otros estas a mi servicio, me agrada que ejerciten la obediencia con flexibilidad. No duden nunca y sigan adelante, así me probaran que su amor no es pura palabra, si no como un amor sustancial que me resulta bien dulce."
"Los santos se dedican a contrariar su voluntad por amor a mí, y con esto me probaban su amor. Ensaya tu todo, será para ti bueno cuando todos sean para mí." Palabras de Jesús.

****

No pueden separarse del mundo porque en el viven,

pero mantengan en sus mentes que no pueden abandonar lo más importante por hacer lo otro.

No se afanen por las cosas de este mundo que con tanto afán persiguen. Recuerden siempre que todo es temporario.

Hay que alimentar la semilla que con tanto amor rego en ustedes nuestro padre para que con vuestros ejemplos y enseñanzas podamos lograr una gran cosecha.

****

"**N**o pienses que un Santo tiene, o debe, necesariamente parecerlo antes de los ojos de los hombres. Pues conserva la naturaleza exterior, y la santidad está en lo interno. Así, como ves que hay frutas con corteza áspera y espinosa, no puedes pensar en la dulzura de su jugo interno. Así son mis santos, lo que vale en ellos está en su corazón." Palabras de Jesús.

****

Un día me vino a la mente que ya hacia ratos no recibía mensajes largos para escribir, como tan a menudo me pasaba. En eso fui a la ventana para enderezar la cortina y de repente empezaron a venir los pensamientos, y comencé a escribir lo siguiente:

Primero analicemos nuestra conciencia, y pidamos

perdón al Señor por lo que hicimos mal. Siempre con toda su alma, y todo su corazón, para que sean puros nuestros pensamientos, y podamos seguir en la lucha contra nuestra naturaleza humana. Para poder servir al Señor en la forma que Él nos pide con corazón limpio, y puro sin manchas de pecado.

No es fácil. Nos vamos a encontrar con muchos impedimentos en el camino, pero esa es la razón que tenemos para aferrarnos a Él. Él nos da sus hombros para apoyarnos en El, pero queda de nosotros si en verdad le abrimos los brazos para recibirlo en nuestro corazón. De otra forma, el respeta tu decisión, pero queda de tu parte si lo recibes, o si lo rechazas.

Solo puedo decirte que El permanece ahí, esperándote con sus brazos abiertos. ¡Pero ten cuidado no vaya a ser demasiado tarde y se acabe el tiempo!

¡El que tenga oído que oiga!

****

Hoy en la mañana al levantarme, empezó a venir a mi mente lo entretenido que en muchas ocasiones nos encontramos estando en misa.

A veces todos reunidos, el murmullo de los feligreses suena como abejas y nos puede poner ofuscados, sin pensar realmente en el lugar que nos encontramos, cuando realmente debiéramos estar atentos y pensar que fuimos a hacer.

Yo les digo que no hablo por los demás, estoy hablando por mí misma. Cuando todo comienza, tengo que estar atenta a la homilía que voy a oír, y trato de tomar cada cosa de acuerdo con lo que pienso, y busco que es lo que me viene bien, pero tomándolo muy en serio.

¿Qué me puede servir para corregir lo que estoy haciendo mal? ¡Nunca pensar, 'eso lo dicen por mí!' No seamos ilusos, ¿a que tú vas a misa? ¿A pasar un buen rato, o para aliviar tu alma y compartir con el Señor?

Que distinto fuera si aprendiéramos y aprovecháramos ese tiempo bien en serio. Hagámonos el propósito para que, sobre todo, los Domingos, lo dediquemos exclusivamente para compartir con el Señor y tomar todo con voluntad, sea bueno o malo, y verán que, si así hacemos, sin darnos cuenta vamos a crecer mucho espiritualmente. Amen.

****

"Si tu vestido se mancha tu trata luego de borrar la mancha, hasta el último
vestigio. Así también cuando veas alguna mancha en tu alma bórrala, luego con una evocación a Mi Madre y a Mi misericordia." Palabras de Jesús.

El verdadero rey es Jesús Cristo, Rey del universo. Su trono es la cruz, y su corona es de espina.

****

La Música De La Vida:

No recuerdo la fecha, pero esto me paso mucho antes de mi esposo enfermarse, como tres o cuatro años antes. Soñé que me encontraba en un escenario de teatro y había muchas personas presentes.

Había un hombre, bastante joven, que me tomaba de la mano, y me halaba, porque quería sacarme para salir de giras, y cosas de esas que hacen para promoción. Yo lo rechazaba, me solté de su mano y no lo permití.

Al yo salir de ese lugar, en la parte de afuera de la puerta vi a mi esposo sentado en una silla de ruedas, y no podía moverse por el mismo. Pensé que yo no podía hacer lo que me piden porque tenía que cuidarlo.

Al cabo de un tiempo después de ese sueño, mi esposo se enfermó, y la diagnosis de los doctores fue Parkinson Disease. Si yo hubiera seguido ese camino de farándula sabe Dios qué hubiera pasado. Estoy segura de que Dios hizo lo correcto como El hace todas las cosas.

Yo estoy feliz, y contenta con todas las cosas que pude disfrutar con mis canciones, y mi música. Comencé a tocar piano sin haber estudiado música, pues todo fue de "oído," a pesar de que mi esposo me dijo que él estaba dispuesto a pagarle a un instructor a que me diera lecciones de piano. Yo le dije, "Mira mi amor, yo no voy a dar ningún concierto y tu trabajas mucho para que gastes dinero en clases de piano". Él me decía, "No es tanto ¿Por qué no?" Me daba lástima, pues él trabajaba muy duro para proveerle a su familia, y nunca permitió que yo fuera a trabajar. Él me decía, "Tú no vas a trabajar a la calle, pues tu trabajo es el cuidado y atención a nuestros hijos."

A él le gustaba mucho oírme tocar el piano.

****

Mireya

Hoy domingo mi hermana Mireya me invito a salir. Yo le acepte la invitación, pues así podíamos cenar fuera. Pero más tarde ella me volvió a llamar para decirme que había cambiado de idea, y ella iba a cocinar, ya que tenía todos los ingredientes en la casa para hacer un buen almuerzo, y cuando terminara me lo tría. Mi hermana Mireya toda su vida se ha destacado como una gran cocinera.

En ese tiempo, su único hijo estaba hospitalizado muy grave, y aparte, ella vive lejos de mí. Yo pensé, "Que acto tan bonito de su parte." ¡Al poquito rato oí estas palabras, "Es un homenaje al amor!" Yo sé que fue Jesús, pues conozco cuando El me habla.

Siempre oro mucho por ella, especialmente por lo que estaba pasando en esos tiempos con la enfermedad de su hijo. ¡Su sufrimiento era agonizante!

¡Yo sé que el amor es mutuo!

****

Gracias Placido

Ayer fuimos a visitar a mi hermana Leo, pues era el Día de las Madres. Nos reunimos con parte de su familia ese día ya que mis hijos Alberto, Gregory, y Sara no pudieron venir, aunque se comunicaron conmigo. Solo Carlos pudo venir a verme, pero todos se estaban preparando para venir en los próximos cuatro meses. Pues entro en mis 90 años, y todos ellos lo quieren celebrar aquí conmigo.

Mi hermana Mireya me llevo a visitar a Leo que vive con su hija, Cari, y su esposo, Placido, el cual es para mí como otro sobrino. Yo le hable referente a mi idea de publicar un librito, el cual están ustedes leyendo presentemente.

Él es una persona muy informada, y empezó a explicar la forma, y pasos necesarios en preparación para escribir, y publicar un libro. Me dejo maravillada en la forma que explica cosas, pues se puede ver en él tanta sabiduría. Cualquier tema que uno discuta con él, sabe dar información completa. Durante nuestra charla, Placido dijo, "Estos son bendiciones ocultas." Dije, de inmediato, "¡Ese es el nombre del libro!" Esos son dones que el Señor da a algunas almas, y en este caso, Placido es un bendecido de Dios.

4 INSPIRACIONES

Dame Una Sonrisa Y Te Daré un Consejo

Mantente sonriente y nunca te sentirás viejo, la risa te mantendrá saludable y todas las penas se alejarán de ti. Ríe, canta, baila, que tus pulmones y corazón se fortalezcan y de alegría se llenara todo tu cuerpo.

Si ríes, la tristeza de ti se apartará porque no habrá más cabida para ella. Reír como la risa de los ángeles, blanca, pura, cristalina, sin maldad. Como cascabeles anunciando sus cantitos de alabanzas al Señor, sonando agitadas por la alegría que les invade, llenas de gozo y felices.

Esos son los ángeles y el que a ellos se acerque así se sentirá. Como la lluvia que podemos ver como diamantitos salpicando a través de la ventana, así también sus risas y sus cantitos se oyen trayendo la paz a nuestras almas.

Aunque no las podamos ver, sabemos que allí están porque su perfume se esparce por el viento y su esencia entra en nuestros pensamientos, y entonces sabemos que los ángeles allí están.

****

¡Caminemos, caminemos cantando! Que las cosas de este mundo no nos dejen separarnos del camino que nos lleva a la senda, la cual nos lleva a la luz, la esperanza, y nos ayuda llegar hasta la meta final.

¡Gloria, Gloria! ¡Basta, basta de llorar! Si, sabemos bien que siempre la esperanza nos mantiene, y sabemos de quien viene.

De Dios nuestro Señor, junto al Espíritu Santo que en sus manos nos sostiene por el amor que nos tiene. Si sabes arrepentirte siempre nos va a perdonar.

****

Tenemos que respetar la opinión de los demás para así poder lograr entre los hombres la Paz.

Haz siempre a tus hermanos lo que quieres para ti y veras como al final lograremos ser feliz.

Aunque siempre el ser humano la fuerza ha sido su lucha, pero siempre han terminado destruyendo a los demás y la tristeza ha sido mucha.

****

¿Dime Que Es El Amor?

¿Dime que cosa es el amor, dime de donde proviene? ¿Dime que figura tiene, su tamaño, y su color?

¿Preguntas, "que es el amor?" y yo te estoy contestando, pero no me has preguntado referente a su valor.

Su valor no tiene precio, ni con todo el oro del mundo lo pudieras comprar. Es algo que uno no entiende cuando el corazón te grita, y quiere salir del pecho, sintiendo maripositas en tu estomago volando.

Su color es azul cielo, su figura un angelito, su medida el infinito, con toda su inmensidad.

Yo pudiera decir más, pero en verdad no me atrevo, pues esa no es mi intención. Cuando es verdadero amor, solo sé que uno se entrega con alma, vida y corazón.

****

Un corazón que arde de amor y paz convierte en ceniza

cualquier impedimento al amor.

Inmenso, sin fin, hasta el infinito es el poder de Dios para los que lo aman y luchan, con todas sus fuerzas para mantener firmes sus pisadas, para sentirse cada día más cerca del Señor, nuestro Creador.

Ni fama ni fortuna, ni todos los tesoros del mundo se pueden comparar a la infinita bondad, y misericordia que El, como fuente de agua viva derrama sobre esos que fielmente se mantienen a su lado.

****

Somos Vencedores

Si fallaste esta vez, no temas todo se puede lograr.

Recordemos nuestra infancia aprendiendo a caminar.
Cuantas veces nos caímos y volvimos a empezar.
Continuamos creciendo y al mismo tiempo aprendiendo,
que después de una caída nos podemos levantar.
Usaremos nuestra mente, tenemos que ser valientes, y
nos dejarnos derrotar.

Trataremos de aprender y no dejarnos vencer por pensamientos negativos que nada nos van a enseñar.
Contemonos vencedores porque supimos luchar.

Con nuestro ejemplo a los demás, si quieren poner oído más fácil pueden crecer, y de esa forma aprender que, si supieron luchar, nada los podrá vencer.

Venceremos, venceremos con su poder. Jesús está conmigo, y yo estoy con El. Venceré, venceré con su poder lo que nunca yo podría, sin Jesús mi Dios hacer. El me da la fortaleza para seguir adelante y confiar en su palabra que me hacer resplandecer.

Venceré, venceré con su poder. Jesús está conmigo y yo estoy con El. Venceré, venceré con su poder, Jesús está conmigo y yo estoy con El.

Recuerda que el triunfo no es de aquel que nunca ha tropezado, sino de aquellos que han sabido levantarse.

Gracias tengo que dar al Señor, y a ti amiga también, porque te pude inspirar. Y con mi sencilla conversación sin darme cuenta, llegue a regar esa semilla que toco tu corazón. Dándote esperanza para que nunca la fe se aparte de ti por nada.

Piensa siempre en un mañana limpio, brillante, y seguro donde puedas disfrutar lo que la vida nos da, sin pensar en cosas tristes que te pueden lastimar.

Pon por delante la fe, la esperanza, y el amor va enseñándote el camino donde tienes que ir, y puedas tranquila vivir, pues si ese camino sigues no te vas a arrepentir.

Hoy Yo Quiero Hablar De Ti

Hoy yo quiero hablar de ti para poder decir que tú eres el lucero que alumbra mi camino para poder seguir. Sin ti nadie pudiera ser, tu eres mi fe, mi esperanza, mi gloria y mi consuelo. ¿Que podría hacer yo sin ti, Señor?

Dame licencia, Padre, para estar siempre contigo hasta el fin de mis días, que nada ni nadie pueda apartarme de ti, Señor.

Tú eres la verdad y el amor. Tú eres la luminaria de todo aquel que en ti confía. Tú cubres con tu sombra y le das calor al afligido, no tienes distinción de persona alguna. Tus estas ahí, de nadie te has escondido, el que te necesita, y a ti quiera acercarse, estará contigo.

Extendidos siempre tienes Tus brazos, y nos das el abrigo cuando tenemos frio.

Hoy yo quería hablar de ti Señor, pero ya tú ves, hoy yo hable contigo.

****

Alabemos A Dios

¡Demos gracias a Cristo! ¡Demos gloria a Dios! Que sepan los hombres quien es El Salvador. Por todos unos días crucificados fue, por salvarnos a todos, Su vida ofrendo.

¡Demos gloria a Cristo! ¡Demos gloria a Dios! Y así todos los hombres conozcan al Señor. Muy cerca está en las puertas su segunda venida como Él lo predijo y su Padre ordeno.

Pongamos todos en orden, nuestras casas limpiemos, todo el camino a seguir. Que seamos dignos de alcanzar sus promesas blancas, limpias, puras, como Él nos pidió.

¡Demos gracias a Cristo! ¡Demos gracias a Dios! ¡Y unidos juntos en un mismo amor, esperemos fuertes como nunca fue, a quien es nuestro Padre, Rey y Salvador!

****

Mi inspiración siempre empieza con la Virgen María, y con Jesús. ¿Quisiera que me dijeras si así es como empiezas tú?

No se puede comparar lo que a mi mente se asoma. Tal parece que el aroma de su espíritu tan cerca combina mis pensamientos, porque solo en un momento casi sin pensarlo, siento lo que me quieren decir. Me piden que enseñe amor, no tan solo con los míos, amor, paciencia y bondad.

Paz legitima que al mundo ofrezca su libertad, para que así todos juntos luchando con humildad, al fin podamos traer al universo la luz, para el mundo poder cambiar. Y solo se puede lograr con María y con Jesús.,

****

Señor, no está al alcance de mis manos poder unir la humanidad.

Más te suplico Señor que escuches mis ruegos, y extiendas las tuyas a todos aquellos que puedan ver con claridad.

Quita la niebla que cubre sus ojos, sin odios, envidias, ni enojos todos podamos estar.

Con limpio corazón, manos con manos, entre los hombres, todos como hermanos podamos vivir en paz. Y un mundo nuevo al fin con Tu presencia podamos alcanzar.

¡No habrá más lágrimas, penas, ni dolor, porque contigo la salvación del mundo llegará!

****

Himno

¡**N**unca me dejes caer, te lo suplico Señor! Sujétame con tus manos, te entrego mi corazón. Yo me siento muy feliz porque pude conocerte y te dejas sentir en mí.

Siento tus manos ligeras deslizarse por mi pelo. Siento descubrir el velo que en mi mente aparecía, y te veo sonreír cuando ese velo me quitas, y con bondad infinita me ofreces tu bendición.

Déjame seguir Señor, y en tus brazos refugiarme, y al final pueda encontrarme junto a ti, en tu divina mansión.

¡Nunca me dejes caer, te lo suplico Señor! Sujétame con tus manos, te entrego mi corazón.

Yo estoy feliz y contenta, porque, aunque no pudiera verte, te dejas sentir en mí.

Siento tus manos ligeras deslizarse por mi pelo. Siento descubrir el velo que en mi mente aprecia, y te veo sonreír cuando ese velo me quitas, y con bondad infinita me ofreces tu bendición.

Déjame seguirte Señor, y en tus brazos refugiarme, y al final pueda encontrarme junto a ti en tu divina mansión.

Tu bondad es infinita, y tu amor no tiene nombre. Tú eres quien le das al hombre lo que el tanto necesita, misericordia infinita. ¡Lleno de amor y humildad te cobija en su sombra, y sé que ahí Él está, y les da a todos los hombres, verdadera libertad!

****

Nunca estamos preparados, y siempre nos falta algo por hacer. No importa el tiempo que tengamos, pues ese tiempo no lo tomamos para poder aprender, y siempre pensamos en que mañana, lo podemos hacer.

Mas no lo hagas, pues el mañana es incierto. No nos dejemos engañar. No te detengas, sigue adelante para que logres todos tus sueños cuanto antes, porque tal vez mañana, por más que te esfuerces, si esperas mucho no los llegaras a lograr.

La vida es tan frágil, como copa de cristal fino. Y por más que la cuides, en cualquier momento cuando menos lo pienses, se puede quebrar.

****

Tristes van los pajaritos volando sin punto fijo, enseñando el crucifijo que forman con sus alitas.

Nadie puede imaginar lo que quisieran decir porque no pueden hablar. Su corazón les palpita, tratando que comprendamos lo que el mundo necesita.

Aunque ellos puedan volar y llegar hasta la cima de la montaña, en verdad ni allí se sienten seguros, pues pueden ver el futuro que acecha la humanidad.

Si no nos damos los manos llenos de amor y humildad, nada en fin se logrará. Más con buena voluntad si todos nos proponemos, juntos al fin lograremos, con firmeza, y decisión, sé que en nuestro corazón encontraremos la paz.

Voz Angélica

Como rio apacible, como ave canora al unir sus trinos, me invitan las olas del mar. Y en silencio la noche tranquila me deja escuchar un eco divino con preciosas notas, notas celestiales.

Tal parece que ángeles bajando del cielo empiezan a cantar. Y con la armonía de angelicales voces, como finos cristales se oyen sonar. Como un consuelo por aquel que sufre, un ruego en sus canciones hasta las alturas deja llegar.

Glo...ría, Glo...ría, Glo...ría, Glo...ría!

****

Llegaron Los Ángeles

Llegaron del infinito los ángeles a liberarnos, y con sus alas tocarnos para sanar nuestras almas, que por el libre albedrio el camino descuidamos.

Aún hay tiempo todavía si nuestra mente se aferra, y unidos todos los hombres traigamos paz a la tierra.

****

Será dura la tarea, más lo podemos lograr, si todos nos proponemos nuestro corazón curar.

Elevemos al Señor Divino nuestras plegarias con infantil humildad. Pongámonos todos en sus manos, y como recién nacidos empezaremos de nuevo a ser mejores hermanos.

¡Se terminarán las guerras, y los dolores no existirán ya más porque el nuevo mundo viene!

El que todos deseamos desde el cielo bajara, dándole a todos los hombres verdadera libertad.

****

Tenemos que estar alertas a la astucia del demonio que es un perfecto farsante, y puede engañar al más inteligente, o el que cree serlo. Si no estás firmemente al lado del Señor, puedes caer muy fácilmente en sus redes.

Tenemos que pedir libertad para ser libres de las hechicerías de las falsas ciencias. La vida espiritual es un continuo empezar, es preciso crear en nuestras vidas un espacio para el Señor.

****

Si yo pudiera volar y nadie me lo impidiera, entonces podría llegar al lugar que yo quisiera.

Ni el invierno, ni el verano, ni la lluvia, ni tormentas. Para mí sería igual, porque podría llegar sin que nadie me detuviera.

Pobre de aquel que quisiera en mi vuelo detenerme, y mis alas querer cortar, y no dejarme llegar a mi destino trazado.

Mejor le fuera colgar una soga en su cuello que le impida respirar, y allá en el fondo del mar, a nadie que quiera volar, por nada lo detuviera.

****

La Palomita Mensajera

Estaba sentada en la sala de mi casa y vi una palomita en mi balcón, y pasado un rato pensé que quería decirme algo.

Paloma mensajera que a mi casa llegaste trayéndome el mensaje que en mi balcón dejaste.

Quisiera que me digas cual fue la razón, al ver que yo no estaba. ¿Contesta palomita porque no me esperaste?

Yo tenía pensado cuando tú regresaras enviar mi mensaje a una persona amada. Yo quería decirle tanto que yo lo amaba.

¿Como pudo pasar? De mi lado se fue cuando no lo esperaba.

Por favor palomita, si vuelves a pasar no te olvides,

quiero que le digas que no se sienta mal. Que aquí en mi corazón siempre yo lo he tenido. Que por nada en el mundo lo dejare de amar.

No lejano está el día, que por ley de la vida yo tenga que viajar. ¡Y entonces juntitos para siempre, cuando el Señor me diga, los dos vamos a estar!

****

Mantengamos la esperanza, mantengamos la cordura, y se hará la luz de nuevo en nuestra vida futura.

Con amor y hermandad todos podemos estar, para que en un mundo nuevo podamos vivir en paz. Con amor, y armonía gocemos a plenitud. Sé que lo lograremos si todos nos comprometemos a cambiar nuestra actitud.

Y seguiremos adelante, porque confiados ya vemos quien por esto trabajo. Y ya estamos convencidos que quien lo logro, fue Dios.

****

Boulevard De Sueños Rotos

Por el boulevard de los sueños rotos estoy caminando sin esperanzas de un día poder detenerme a descansar. Porque siguen pasando los años, y aún sigo esperando, que algún día mis sueños puedan realizar.

No me detendré, seguiré luchando mientras tenga vida. Antes de irme, Él me va a conceder que yo pueda ver mi meta cumplida.

Seguiré tratando, no me rediré. Nunca será tarde si con mucho amor, y algo de paciencia te dejas llevar.

No te precipites, se puede llegar, no puedes dudar. Si Él te da su mano lo vas a lograr.

****

Yo soy el Alfa, y la Omega. Yo soy quien por ti entrego mi vida para salvarte, quien con su Padre trabajo.

Solo quiero recordarte, no te vayas a olvidar, estoy aquí para ayudarte, y no temas a lo que en el mundo hay. Si permaneces en mí no te voy a abandonar.

Se fuerte como aquel barco que su ancla deja caer, y con sus fuerzas penetra, y no se deja mover. Esto te puede enseñar lo que el Padre de ti espera, porque la paz verdadera, solo viene del Señor.

Yo soy el Alfa, y la Omega. Yo soy quien por ti entregue mi vida para salvarte, quien con su Padre trabajo. Yo soy el Alfa, y la Omega.

****

¡Proclama mi alma la grandeza del Señor, se alegra mi

espíritu en Dios mi salvador!

No importa lo que has sido, no importa lo que has hecho, hoy es un nuevo día que empiezas a vivir, sigue adelante y encontraras la senda que tienes que seguir.

Como un recién nacido seguirás por la senda que te ha puesto el Señor, y lleno de gozo podrás seguir creciendo. Más tienes que aprender, no importan las caídas que a tu paso encontraras, apóyate en mis hombros y yo te sostendré,

Recuerda cuando pequeño aprendiendo a caminar cuantas veces nos caímos y volvimos a empezar. Sigue adelante, no te dejes vencer, aquí están mis hombros, no te dejare.

¡Proclama mi alma la grandeza del Señor, se alegra mi espíritu en Dios mi Salvador!

****

La inmensidad de las aguas que con la brisa se mece, y que talmente parece que sonríe, y que nos habla.

¿Quién ordeno a esas aguas detenerse en las orillas? ¿Quién dijo que no pasaran más allá de su medida?

Quisiera ser la gaviota cuándo volando la veo, sin miedo, sin titubeos, sobre las aguas se lanza. No se detiene a pensar si algún peligro le acecha, con su frágil cuerpecillo, y un lindo revolotear lanza sus alas al viento, y comienza a laborar.

Por eso a veces yo pienso, quisiera ser como ellas para así poder volar. Poder lanzarme a las aguas, y sin temor, y sin duda, por las aguas caminar.

****

Travesía En El Estrecho

Atravesé el estrecho, saliendo del infierno que las manos de mi madre me sacaron exponiendo su vida en la travesía, al poder de Dios me encomendó.

Sabiendo que Dios con su poder me salvaría, mientras que en la llanta me dejaba vi como el mar se la tragaba, y en triste soledad yo me quede.

Teniendo como testigos agua y cielo, por dos días y noches navegue. No se dañó mi piel, ni el sol me molesto. Ni los tiburones a mí se me acercaban, porque mis ángeles guardianes me cuidaban. Allí conmigo se quedaron custodiando mi frágil embarcación.
Los ángeles del mar, también me custodiaron, y aunque pensé que ese viaje no tenía fin, los delfines hasta un lugar lejano me llevaron, y en manos de dos buenos hombres me dejaron, y de las profundas aguas de ese ancho mar me libre. Yo sé que fue el Santísimo Poder

quien a esos dos hombres envió. Todos pudieron ver que fue el poder de Dios quien me salvo.

Ahora que conocí la libertad y el gran amor que todos me han brindado. Y en mi familia otra madre he encontrado, sin poder olvidar mi propia madre que el ser me dio.

Me siento triste, desconsolado, porque el mayor poder de esta nación, sin tener ninguna compasión a mi dolor, en las garras del tirano me quieren entregar, de donde mi pobre madre por salvarme entrego su vida, y me saco.
Por favor, por el amor de Dios, recapaciten. No me entreguen en manos de esos lobos quienes me reclaman, y en nombre del amor cubren sus malas intenciones.

¿Cómo no defienden aquellos otros niños que tienen que salir de su patria huyendo con sus padres buscando libertad? Al contrario. Con sus propias manos los han hundidos en sus embarcaciones sin piedad.

Como leones en acecho de su presa ellos están, sin importarles si son niños o mujeres. Solo piden sangre, sangre para saciar sus ansias de venganza. No conocen el amor en modo alguno, ni aun de sus propios hijos ni el de sus madres. ¿Como van a pedir que yo regrese para darme la doctrina de la hoz y el martillo?

En mi mente, para enseñarme a odiar, como ellos odian a sus hermanos. Incluyendo a mi madre, señalándola como traidora a su patria por querer escapar de la barbaridad que se encuentra Cuba, en la que ellos mismos la convirtieron. Pero no podrán.
Por favor no pueden permitir que se repita lo que en los tiempos antiguos sucedió.

Voy a confiar en Dios. Voy a esperar confiado que aquellas mismas manos que una vez me salvaron de las oscuras aguas del estrecho que pasé, me salven de nuevo. Me salven otra vez de esos hombres sin consciencias que quisieron entregarme. Su poder del Herodes del Caribe, y sus seguidores esperare – confiado en Dios esperare.

****

Poema Del Huracán Andrew

Andrew, nunca podré olvidar el momento en que llegaste a este sur, de la Florida. Pues no podemos borrar de nuestras mentes el desastre que dejaste por todos nuestros alrededores.

Todo lucia tan tranquilo con un sol tan radiante. Quien podía imaginarse que a la siguiente mañana todo cambiara repente menté, y se convirtieran nuestras vidas en un pánico atroz.

Por más que nos decían que eras feroz y asesino, pero nunca pensé que arrasarías de esa manera con todo lo que encontraras en tu camino.
No respetaste las vidas de ancianos, niños, hombres, y mujeres de todas las edades.

Como un feroz demonio pudimos oír tus resoplidos, tratando de tragarte a nuestros hijos, y nuestras casas. Todos los frutos que por 33 años habíamos logrado, luchando con ahínco para levantar a este bello Miami.

Tantas lágrimas derramadas. Desfalleciendo cada día, para que solo en horas tú destruyeras todo cuanto destruiste. Y ahora los que quedamos en pies, tenemos que empezar de nuevo después de tantos años de fatiga. No te olvidaremos nunca, jamás. Nunca podemos olvidarte, porque en nuestras mentes ha quedado grabado el terror, y la angustia de ese día. Y después, la destrucción que dejaste no se aparta de nuestra vista. Vemos nuestros hermanos en las carpas debilidades caminando de un lado a otro. Como sonámbulos sin un punto fijo.

Muchos de ellos a sus familiares no encontraban. Y pudimos ver hombres, y mujeres como lloraban, porque se encontraban impotentes para poder luchar contra tu furia. Yo los vi, sí, yo los vi. Y hubiera querido poder tomarlos de las manos, y darles el calor que estaban necesitando. Cubrirlos con mi cuerpo por entero. Pero no pudo ser, porque yo estaba en las mismas condiciones. Sin un techo, fue horrible. La desolación era total. Florida City, Homestead, todo Saga Bay, no quedo nada, en fin, solo ruinas. No quedo un lugar en Miami que no recibiera tu fatal visita. Totalmente parecía que la guerra del Golfo por aquí pasó.

Rugías como fiera salvaje en asecho de su presa. No tuviste compasión de nada, ni de nadie. Pero no pudiste lograr tu propósito completamente, porque con su mano, ese Dios Omnipotente detuvo tu ira, y calmo las aguas de ese mar embravecido, y detuvo los vientos horribles e infernales que dejabas salir de tu boca.

No se olvidó de sus hijos, y enseguida supo cómo remediar las necesidades, y puso a Fema en nuestras manos. Suerte para todos fue la federal. Y nuestros pastores, preocupados grandemente por sus ovejas, llegaban desde lejos trayendo provisiones. Y junto a los de aquí, protegieron, y ayudaron en todo cuanto fuese posible a toda su manada, con el mismo amor que nuestro Padre les ha enseñado.

La Cruz Roja hizo acto de presencia inmediatamente con su cuerpo de voluntarios, como siempre han hecho en los momentos más difíciles. Y la guardia nacional limpiando nuestras calles, y pudimos ver que no estábamos solos. Que la lucha, no era solo nuestra, sino de todos.

Pudimos ver la luz de nuevo. Vimos el sol brillar, pero era tanta la angustia y el dolor, que pensábamos que nuestra odisea nunca terminaba.
Mas no fue así, porque al fin la mano de Dios Todopoderoso fue quien venció al final.

****

No Llores Por Leche Derramada

No llores más por leche derramada, o por el pan que se cayó. No te preocupes por las cosas pasadas, todavía el mundo no se terminó.

Lucha por el sueño que no has logrado, pues al cambiar de senda sin darte cuenta, ese camino de tu memoria se borró.

Sigue adelante, empieza de nuevo, no te detengas y ya verás. Tras a una meta mantén firme tus pasos, nunca permitas que nada, ni nadie te haga cambiar. Cumplirás tus sueños, y te darás cuenta de que nunca es tarde para empezar. Sigue adelante.

****

Siempre Llega La Bonanza

Ya tú tienes que saber que siempre que llueve, escampa. Que después de la tormenta, detrás llega la bonanza. Por masque un ciclón azota si fuerte tienes tu casa, sujétate fuertemente, y veras que todo pasa.

No puedes desesperarte. Pensando que todo acaba, que no tiene solución. Pues siempre por el camino encontraremos la mano amiga, que te de su comprensión.

Entonces te darás cuenta de que, aunque no es fácil lograr, lo que en tu vida has querido, nunca debes desmayar. Y podrás recuperar todo aquel tiempo perdido.

****

Gracias te doy Padre mío. Dame de tu Luz brillante. Ilumíname Señor, que la niebla de este mundo no lastime al que te ama.

Danos la fe necesaria, que podamos luchar con ella, pues ni la luz de las estrellas junto a la luna, y él sol, no se puede comparar a esa luz que tu amor vierte.

Si nos tomas en tus brazos y nos das tu bendición, no habrá mal. Por mal que sea, que a hijo tuyo se acerque, con tu Luz divina tendrá tu protección.

Y tan solo en un instante, si fuera tu decisión, desplegarías tu manto, pues no hay mayor coraza de protección. Amen

****

Gregory Steven

Cuando miro al cielo y veo las nubes, me siento impotente, porque están tan altas, y no puedo alcanzarlas. Más ahora que dentro de ellas estoy, por más que quisiera no puedo tocarlas.

Algodones parecen flotando en el aire, tan cerquita que están, pero son intocables.

En vuelo hacia Denver ya estamos llegando, y con gran emoción late mi corazón, porque un pedacito de él nos está esperando.

Pasaremos lindos días, con el disfrutando, pero luego al regreso cuan duro va a ser cuando vire mi espalda, y no lo pueda ver.

El Señor, y sus ángeles con el estarán para cuidarlo, y sus manos tomar. Feliz, y contento el, y todos estamos, porque pudo lograr lo que con tanto empeño decidió estudiar.

Ahora un nuevo reto el tendrá que enfrentar, pues de Doctor en Farmacia se acabó de graduar.

Como su madre al fin, que orgullosa estoy de él. Estoy consciente que podrá aliviar a todo aquel que dolor sienta.

¡Por supuesto, no hay dudas que correspondencia le voy a enviar, y doctor Gregory Steven Arencibia, le tendré que llamar!

Moriré Contigo

Anoche en la mesa después del café, vino a mi memoria todo el tiempo que ha pasado. Todos los años que juntos hemos vivido, aunque parece que fue ayer.

Ya el calendario nos está enseñando nuestro aniversario 58. Momentos buenos, momentos malos, pero juntos siempre. Aunque muy duro hemos luchado, pero nunca nos dejamos vencer.

A nuestros hijos, llenos de orgullo vimos crecer, y al llegar los nietos nos damos cuenta de que nuestra meta logramos al fin.

Ahora que los años podemos sentir nos hemos jurado, que pase lo que pase, juntos siempre vamos a seguir.

Yo te seguiré queriendo, pongo a Dios como testigo, y aunque tú no te des cuenta estaré muriendo contigo.

****

Mi Esposo Y Su Enfermedad

Entre puntas de espada y fuego estoy caminando en el camino que el Supremo en mi vida designo.

Mientras tanto yo estoy implorando que nunca me falten las fuerzas, valor y el amor. Si no es posible que esta copa pase de mí, tomare de ella.

¡Cúmplase Su voluntad y no la mía! ¡Hágase su voluntad, más nunca me dejes caer! ¡Te lo pido! ¡Déjame llegar siempre contigo, hasta el final!

****

El Espanto

Con que espanto vi que me miraba cuando yo solo trataba de ayudarlo. Por su mente parece que pasaba como si yo quisiera hacerle daño.

Con su mirada fija, a veces siento que me mira. Yo quisiera saber que él está pensando. A veces, vagamente ciento que suspira, y otras veces puedo verlo dormitando.

No saben ustedes que dolor yo siento verlo así, pero yo sé que no debemos preocuparnos, pues el Señor no nos pone tareas a cumplir que no tengamos fuerzas para resistir. Y todo el tiempo Él nos está ayudando.

****

Tápame Tengo Frio

"Tápame, tengo frio," me dijo en un temblor, lo cubrí con mis brazos, y de mi cuerpo, su cuerpo recibió mi calor.

Más aun tembloroso no recobro la calma, porque el frio

mayor lo llevaba en el alma.

Con voz entrecortada que apenas se podía, me susurro al oído, "A mi patria libre, un día quiero volver. Me sentiré tranquilo, aunque por siempre tenga que marchar, pues en los brazos de Cuba, en su suelo bajo su azul cielo, quiero estar."

****

Mi Gran Amor

¡**M**i gran amor se fue de mí, no lo puedo concebir! ¡Yo no sé cómo podre este dolor resistir! ¡Yo no sé qué voy a hacer, yo no puedo así vivir!

Solo pido a Dios la Fe, y acercarme más a Ti.

Dame Señor el consuelo que mi alma necesita, pues yo siento que su ausencia no me deja ya vivir.

Apiádate de mí Señor, apiádate de mí, necesito el calor de Tu presencia en mí. Derrama sobre mí las aguas de Tu fuente, enséñame Señor, necesito el valor. Yo quiero compartir y estar presente, apiádate de mí Señor, apiádate de mí, necesito el calor de tu presencia en mí.

Déjame sentir Señor tu espíritu en mí, y así podrás sanar las penas, y dolor que tengo aquí en mi corazón. ¡Apiádate de mí, señor, apiádate de mí!

Solo Por Un Tiempo

Solo por un tiempo nuestras vidas estarán separadas, mas no te impacientes porque siempre en mi mente y corazón, tu imagen viva permanecerá.

No me doy por vencida, aunque no fue mi tiempo en tu partida, pero estoy segura de que no muy lejano mi tiempo ha de llegar. Entonces, sin penas ni lamentos, una nueva vida vamos a empezar donde no existirán lagrimas ni dolores, que nos puedan dañar.

En un lindo jardín de mucha luz, flores, y armonía. Con esa bendición de Dios en esa eterna vida para nosotros dos, las noches se harán días.

****

Déjame Saber

¡Te suplico por amor a Dios, déjame saber si es verdad, que, al morir, allá en ese lugar donde todos los que vamos aquí en la tierra todas nuestras penas, dolores, y angustias podemos dejar!

Si allá donde vamos todas las obras hechas en la tierra tenemos que mostrar.

Bendito sea el Señor, bálsamos de alivio a nuestras almas, amor, y ternura nos puede dar. Y a cada uno según nuestras faltas nos juzgara.

Alabado se nuestro Dios. Santo es por siempre. Rey del universo, luminaria en el cielo, tierra y firmamento.

Amen.

****

Oración Cuándo Falleció Mi Esposo

¡**D**ame tu mano Señor, ayúdame a levantarme! No permitas que él dolor logre de ti separarme. ¡Necesito él alimento de tu palabra Señor!

¡Dame de tu entendimiento, quiero sentir el calor de Tu Espíritu bien cerca! ¡Necesito la presencia de tus ángeles, ¡Padre mío, que pueda calmar él frio que siento en mi corazón, y con tu divino amor como bálsamo tranquilo, llenaras este vacío, y así yo podre decir, "¡Mi Señor, en ti confió!"

Para que querer ser reinar, y tener una corona de diamantes, y rubíes con él poder que me otorga en la realeza vivir, si no puedo tenerte a ti.

Deja que yo viva fuera de toda esa burguesía. Déjame seguir soñando, y esperando, que algún día la distancia que hoy nos separa, él Señor con su bondad, nos una en la otra vida.

No Puedo Acostumbrarme A Estar Sin Ti

Yo no puedo acostumbrarme a estar sin ti. A veces trato de pensar que estas de viaje, y en cualquier momento puedes regresar. Pero luego, al darme cuenta, que difícil es enfrentarse a esta horrible realidad.

Aunque sé que termino para ti la tristeza, y dolores que sentías, pues el Señor con sus manos te curo. Pero que, que me queda si no decirte, "Espérame mi amor, que ese viaje estoy segura muy pronto quien lo dará, seré yo."

Aun me queda el consuelo que un día no lejano nuestras almas se volverán a encontrar. ¡Luego, entonces será para siempre, y no habrá nada que nos vuelva a separar!

5 ORACIONES

Plegaria

Señor oye mi plegaria, Padre mío, necesito me concedas esto que te pido. Dame de tu sabiduría que tanto necesito, de tu amor, de tu bondad, de tu paciencia.

Préstame tus hombros para apoyarme en ellos y poder caminar, y no quedar en él camino antes de llegar a ese final que tú nos ofreces.

Ayúdame para que yo pueda vencer los obstáculos que él maligno nos pone para que caigamos. Ayúdame a controlar la soberbia, que yo sé que es algo que tu no soportas.

Ilumíname Señor con esa Luz radiante que tu Espíritu hace que penetre en nosotros. No permitas Señor que las tinieblas logren borrarla de mí. Quiero seguirte y luchar con todas mis fuerzas, y estar siempre contigo hasta el final de mis días. Amen.

****

Buenos Días Señor

Quiero saludarte, y darte las gracias por tan lindo día que nos regalas hoy. Bendición, tras bendición es lo que recibimos, y no nos damos cuenta de que pasa por desapercibido lo que con tanto amor recibimos de Ti.

Un hermoso día, un precioso sol. La lluvia, él roció, la luna, las estrellas y él mar. Nunca pensamos cuándo respiramos, que, sin ese aire, no pudiéramos vivir.

Son tantas cosas bellas que un solo día no alcanzaría para nombrar, y darte las gracias por todas ellas, Señor.

Gracias, muchas gracias por la fe, y la esperanza que nos permite a todos tus hijos en Ti confiar.

****

A La Caridad Del Cobre

Hoy es un día especial. ¡Es tu día madrecita! Tu Poder no tiene nombre.

Yo quiero felicitarte mi Virgencita del Cobre, tú que eres el consuelo de todo él que por ti clama. No nos abandones señora, toda Cuba está implorando, todos tus hijos te aman.

Yo sé que tú estás sufriendo al ver tu pueblo cautivo, que sale despavorido buscando la libertad. Pero hay tantos mucho más que en ese mar se han quedado que no han podido llegar.

Por favor te lo suplico, pide permiso al Señor, para que en esos momentos cuándo sus barcos zozobren, tu vuelvas a aparecer. ¡Y con tus divinas manos los salves a ellos también!

Madre querida, te pido que a nuestro pueblo regreses. Tus hijos llorando están, y por ti están esperando, y siempre pensando en ti.

De San Antonio, a Maisi, de rodillas te esperamos, extiende madre tus manos, no te olvides de tu islita.

¡Salva a Cuba virgencita, salva a tus hijos, Cachita!

¡Salva a Cuba virgencita, salva a tus hijos Cachita!

****

Abrígame Señor

Abrígame Señor con tu divino manto, dame tu bendición que necesito tanto. Se está acabando el tiempo, y yo sin terminar quiero lograr mis sueños, ayúdame a llegar.

¡Alúmbrame el camino! ¡Déjame caminar!

Quiero lograr la meta que con tu don Divino pusiste en mí, y ha llegado el momento que con mi propio esfuerzo tenga que decidir.

Ofréceme tu mano. Dame tu bendición. Y sin temor ni dudas, mi corazón entero pondré a lo que a mis manos diste.

No te defraudare. Ayúdame Señor, la decisión es tuya. En tus manos me pongo. No importa la tormenta que en el mundo se ve, porque yo estoy segura de que estando tú a mi lado, yo sé que triunfare.

****

Aquí Estoy

Aquí estoy contigo, siempre contigo estoy. Siempre que tú quieras tú serás mi oveja, y yo tu pastor.

Mantente fuerte, no temas si en el camino hubiera algo que te impidiera andar. Aférrate a mis hombros, yo te llevo en mis brazos, yo te puedo cargar. Cuando triste te encuentres, y quieras tus penas aliviar, no te desesperes, te enseñare por donde me puedes encontrar.

Mantén firmes tus pasos, sigue el camino recto, de senda no vayas a cambiar, y puedes estar seguro de que yo estaré contigo hasta el final.

****

Ven, Espíritu De Dios

Ven Espíritu de Dios, que te estamos esperando. Y con tu luz protectora a tus hijos alumbrando.

Ven Espíritu Divino, que te estamos esperando. Y enséñanos por favor, como estamos caminando.

Ilumina nuestros senderos para que nuestras pisadas con firmeza se mantengan y no podamos caer. Que ni a diestra, ni siniestra, nos podamos desviar ni nuestras mentes cambiar. Que ni tormentas, ni tempestades, nos haga olvidar tu nombre.

No te vamos a dejar porque tú eres nuestro Maestro, nuestro Redentor Divino. Ayúdanos Padre mío a permanecer contigo hasta el final del camino. Amen.

****

Me Doy Enteramente

Te amo Padre, y me doy enteramente a ti en arrepentimiento.

Te amo Padre, y me doy enteramente a ti en decir.

Si, te amo Padre, y me doy enteramente a ti en mi fidelidad.

Te amo Padre, y me doy enteramente a ti en consagración.

Te amo Padre, y me doy enteramente a ti. Amen.

****

Las tristezas de esta vida que causan tanto dolor solo pueden aliviarse si te aferras al Señor. No busques otro camino, pues no lo vas a encontrar. Borra de ti la tristeza pues hay un nuevo horizonte al cual debemos esperar, pues el Señor nos enseña su ruta para llegar.

Si sin condición lo amamos, y permanecemos en su amor, yo sé que Él nos asegura a todo un mundo mejor.

****

Bernardita busco en el bolsillo de su delantal, saco su rosario, y se puso a rezar.

Hijitos míos no tengan miedo, Dios me ha enviado para cuidarlos. Yo los ayudo, y estén conscientes que sin cesar su rosario estará en sus manos para rezar.

Recuerden siempre que Él puede hacer milagros, y que sus vidas pueden cambiar. Aférrense a Él, y así lograran encontrar el tesoro de la Gracia. Y podremos enseñar que a la Virgen María pertenecemos, y con Ella estaremos hasta el final.

Bernardita busco en el bolsillo de su delantal, saco su rosario, y se puso a rezar.

Plegaria A La Virgen María

Madre querida, te pido que estés a mi alrededor, y así por siempre perdure ese fervoroso amor.

Por mis hijitos te pido que ruegues al Creador que siempre cuide sus pasos, y que no vayan a caer. Que no escondas de ellos tu rostro para que siempre contigo estén.

Madre querida, yo espero que mis suplicas escuches. Que siempre mi corazón en tu regazo descanse, y que en mis penas me ayudes.

Madre querida, que nunca pierda el camino que me llevara al Señor, y con tu divino amor hasta el final tú me escuches.

****

Bendícenos Padre, y camina entre nosotros, tus hijos. Y que tu gloria descienda entre nosotros como fuego transformado en tu tierno amor, y misericordia, ahora, y siempre.

Y tu Madre, querida María, aquí estamos tus hijos confiados porque sabemos que estamos protegidos bajo tu divino manto celestial. Porque tú nos amas, y como gallina protege su cría bajo sus alas para que no le hagan daño, así tú haces Madre, con tus hijos.

Bendita seas Madre, alabado sea tu nombre. Madre mía, te suplico que nunca nos dejes solos para poder seguir amándote siempre. Amen.

****

Dame tu mano Señor, quiero tenerte cerquita porque rendida a ti estoy. Dame tu mano Señor, tu sierva te necesita.

Con tu bondad infinita sé que me responderás, pues yo sé que nunca a nadie has negado tu amistad.

A tus hijos siempre has dado tu amor, y tu compasión, y dentro de su corazón la semilla de tu gloria permanece, y nadie puede arrancarla.

Ayúdanos a seguir recibiendo tu palabra porque ese es el alimento que reciben nuestras almas.

****

Nos pide nuestro Señor, y a su petición se aferra, que seamos la sal de la tierra y la luz. Que con su fuerza penetre en todo lugar, para que al mundo enseñemos que si seguimos sus pasos todos se pueden salvar.

Iluminando el sendero con su Luz, Él nos enseña que al ciego podamos guiar. Y lo que antes fuimos no se vuelva a repetir, y así podamos entrar sus hijos en su redil.

Somos la sal, y la luz de la tierra sin dudar, pero no lo podemos guardar sin que nadie esa luz pueda alumbrar, y de la sal el sabor al mundo podemos dar, pues de nada servirá si lo escondes en un cofre.

Ábrete al mundo, y enseña lo que a ti te han enseñado, y entonces veras los frutos cuando hayamos terminado.

****

Confesión

Señor mío, Jesús Cristo, hoy yo quiero confesarme, necesito tu perdón. Es algo que yo no puedo mantener este pecado dentro de mi corazón.

Siempre tú me has enseñado la forma de amar que quieres. Y que en nuestros semejantes en sus ojos te veamos, para que de esa manera siempre el Espíritu Santo sea nuestro protector.

Ten compasión Padre mío de esta pobre pecadora que humillándose a tus pies amargas lágrimas llora. Ten compasión, Padre mío, te lo imploro con fervor. Hazme siempre recordar lo que en mi mano pusiste, y con todo mi corazón yo te seguiré adorando, y así en nombre del amor seguiremos caminando.

****

Bombillas de cristal fino, y con brillo transparente, a

través de ellas veremos si mantenemos tus pasos sin doblar en las esquinas. Tú iluminaras el sendero de todo aquel que te siga.

Bendícenos Padre Santo, nunca nos niegues tu abrigo, ayúdanos a seguir y llegar hasta el final del camino.

El tiempo pasa ligero, muy poco es lo que falta, así podemos seguir y levantar al que caiga.

Ya muy pronto te veremos bajando del infinito con todas sus ropas blancas. Vestido de hilos finos y un ejército de ángeles cubriendo tú alrededor, dejaran ver a tus siervos a nuestro gran Redentor.

Caminaremos ligeros para entrar en tu redil, y unidos al gran pastor nuestras vidas redimir.

****

¿Me llamaste? ¡Aquí estoy, donde tú vayas yo iré!

Si tú me das el valor, yo siempre te seguiré. Siempre con tu Luz Divina mis pasos alumbraras, y podré seguir tu camino con paz, y seguridad.

No temeré si la tormenta a mi paso apareciera, porque sé que tu Gracia por mi lado pasara, y no lograra tocar uno solo de mis cabellos.

Porque sé que desde el cielo con su Luz resplandeciente

enseñando su poder, nada en el mundo encontraras que a mi Dios pueda vencer.

****

La Oración

La oración no es un compromiso si no una obligación, al menos así lo siento yo.

No es algo que te obliga si no lo sientes, pero si es algo que te sientes mal cuando no lo haces, y lo necesitas, porque así es una obligación.

Es el vacío, y la necesidad de sentir ese alivio que sientes en tu corazón, y en tu alma cuando estas orando. Es algo que no lo suple nada, ni nadie.

Compromiso es cuando lo haces sin sentirlo para quedar bien con quien, o quienes te invitan a hacerlo. De esa forma, mi consejo es que nunca lo hagas, porque sería sacrilegio. Pide ayuda para que eso nunca pase.

Zoila, Estafano, hijos, nietos
Thanksgiving 2005

7 LA HISTORIA SE REPITE

Al cierre de este libro tuve que empezar de nuevo, pues era imposible terminar sin nombrar esta coincidencia que ocurrió hace muchos años atrás, pues para mí no fue pura casualidad.

Unos de mis hermanos, llamado José Antonio, de 28 años, casado con dos niños, y esperando al tercero. El y su familia vivía en la provincia de Pinar del Rio y el resto de la familia vivía en la Havana. El, tratando de mejorar su situación financiera fue a quedarse con nosotros por un tiempo. Si todo le marchaba bien el traía a su familia a la Havana.

Así paso. Consiguió un buen trabajo, y preparo para regresar a traer su familia, pero antes de poder hacerlo tuvo un trágico accidente, y murió.

En ese tiempo yo me encontraba de visitas con unos tíos en otra ciudad, y ellos fueron los que me dieron las noticias del accidente, pero no de su muerte. Yo regrese a casa inmediatamente.

Al llegar a la casa, fui detenida antes de entrar por varios familiares, los cuales me informaron que mi madre no sabía nada del accidente, ni que su hijo había fallecido. Todos esperaban que yo fuera la que tenía que darle la terrible noticia a mama, pues nadie le quería dar las horribles noticias. ¡En ese momento fue cuando yo me enteré de que mi hermano había fallecido!

¡Quede como loca por un buen rato al enterarme de su muerte! Después, con gran angustia, y sufrimiento, le di las noticias a mi madre. ¡Fue tan horrible! Mi madre estuvo muy mal por muchísimo tiempo después de ese evento, y hasta se enfermó.

Ahora en mis 90 años la historia se ha repetido. El tercero de mis cuatro hijos, Carlitos, fue llamado por El Señor. Murió de repente no hace mucho de un infarto de corazón.

Las primeras noticias de su muerte fueron recibidas por mi hija Sara. ¡Bien conozco el gran dolor y angustia que paso ella al recibir esas noticias! Ella fue la que les dio las noticias a sus otros hermanos, al resto de la familia, y a mí. Está de más de decir por lo que estoy pasando, pero mi consuelo es que Carlos fue muy querido por su familia, y amistades. Él se dejaba querer por todos. Él era el que más cerca estaba de mí, pues, aunque vivía lejos como mis otros hijos, él era el que estaba más disponible para pasarse días conmigo.

Aún sigo sintiendo que él está de viaje, y en cualquier momento lo voy a ver de nuevo. Que El Señor no demore mi partida de esta tierra para encontrarme pronto con mi hijito, y mis otros seres queridos. Que El Señor siempre me proteja a los que me quedan aquí hasta que le llegue el tiempo de cada uno.

Misericordia Padre para cada uno de ellos, cuídamelos, y bendícemelos siempre Señor. Amen.

Estafano y Carlos

Zoila y Carlos

Reciente adición a la familia:

Mi Bisnieta

Olivia Danelle Raudenbush

93470235R00096

Made in the USA
Columbia, SC
12 April 2018